오스왈드 챔버스의 기도

If You Will Ask: Reflections on the Power of Prayer

This edition copyright ©1989 by Oswald Chambers Publications Assn., Ltd.
Original edition copyright ©1937 by swald Chambers Publications Assn., Ltd.
All rights reserved
Published by special arrangement with Discovery House Publishers,
3000 Kraft Avenue SE, Grand Rapids, Michigan 49512 USA.

Korean translation copyright ⓒ 2010 by Togijangi Publishing House
2F, 71-1, Donggyo-ro, Mapogu, Seoul 04018, Korea

This Korean edition is published by arrangement with Discovery House Publishers
(3000 Kraft Avenue SE, Grand Rapids, Michigan 49512 USA.)

본 저작물의 한국어판 저작권은 Discovery House Publishers 와의 독점 계약으로 한국어 판권을 '도서출판 토기장이'가 소유합니다. 저작권법에 의하여 한국 내에서 보호를 받는 저작물이므로 무단 전재와 무단 복제를 금합니다

특별한 표기가 없는 모든 성경 구절은 개역개정성경을 인용한 것입니다.

오스왈드 챔버스의 기도

오스왈드 챔버스 지음 · 스데반 황 옮김

토기장이

: 서문 :

사랑하는 주인님과의
절친한 관계를 추구하는 기도

    이 책의 서문을 써달라는 부탁을 받은 후, 하나님의 종 오스왈드 챔버스를 만나게 하셨던 전능하신 하나님께 감사의 마음을 온전하게 전할 수 있을지 염려되었다.
    챔버스 형제님은 내가 성장한 후에 만난 친구로서, 내 삶 가운데 가장 신뢰할 수 있었던 절친한 친구였다. 나는 하나님의 은혜 가운데 챔버스와 친구로 지내면서 주 예수 그리스도의 구속을 점점 더 깊이 알아가게 되었을 뿐 아니라 내게 주어진 지식의 결실들을 다른 사람들에게 논리정연하게 말할 수 있게 되었다. 그와 나누었던 깊은 통찰력이 담긴 수많은 말들 중에서 특히 "언제나 하나님의 작정과 하나님이 허용하시는 뜻의 차이를 분명하게 구분할 수 있어야 한다"

는 말은 내게 특별하게 와닿았다.

　이 책에서 챔버스는 매우 간략하고도 쉽게 하나님의 주권적인 섭리 아래서 '지금' 죄로부터의 구원이 하나님의 자명한 뜻임을 보여준다. 또한 동시에 우리가 겪는 다양한 질병과 제약들마저도 하나님의 섭리가 더욱 효력을 나타내도록 하기 위한 하나님의 적극적인 주권이라는 사실을 보여준다. 따라서 우리에게는 절대로 흔들려서는 안 되는 것이 있는데, 바로 우리의 마음과 하나님의 마음이 완벽한 조화를 이룰 때까지 하나님과 철저하게 대화를 나누는 것이다. 이러한 챔버스의 생각은 기도에 대한 우리의 어려운 마음을 평안하게 해준다.

　오스왈드 챔버스의 기도 생활은 다른 사람을 위한 중보기도의 삶이었다. 그는 자신의 개인적인 필요를 구체적으로 구한 적이 거의 없었다. 하나님을 향한 그의 전반적인 자세는 언제나 하나님과의 조화로운 인격적 관계를 추구하는 것이었다. 즉, 그는 하늘 아버지께 어린아이같이 철저하게 의지하는 자세를 가졌다. 그가 기도를 통해 그의 사랑하는 주인님과 절친한 관계를 가장 즐거워했다는 사실은 이 책에 담긴 가장 귀한 보화일 것이다. 우리는 이 책을 통해 우리의 개인적 필요에 대한 신선한 통찰력을 갖게 될 것이며 빛줄기 같은 새로운 깨달음에 경탄하게 될 것이다. 물론 그의 다른 책들에도 기도에 관한 여러 메시지들이 있다. 하지만 이 책은 기도라는 주제만을 따로 다루었다.

이 책의 제1장은 챔버스가 1차 세계대전 당시 전쟁의 현장, 이집트의 자이툰에서 장병들에게 주었던 메시지이다. 이 사실을 알고 이 책을 읽으면 더욱 흥미로울 것이다. 제1장은 이 책의 개요를 말하고 있으며 그 당시의 장병들이 챔버스로부터 어떤 종류의 메시지를 들었는지 잘 보여준다.

하나님께서 주신 이 메시지를 읽는 모든 사람들마다 챔버스가 그토록 사랑하며 즐거워했던 주님과의 규칙적인 친교에 함께 참여하게 되기를 간절히 바란다.

존 스키드모어 John S. Skidmore

: 차례 :

서문

1장 왜 기도하는가?   011

2장 주님의 고통에 초점을 맞추는 기도   022

3장 하나님의 전신갑주를 입고 대적하는 기도   042

4장 기대감으로 깨어 기다리는 기도   055

5장 하나님의 침묵도 응답으로 신뢰하는 기도   069

6장 순종하여 주님과 하나 되는 기도   079

7장 성령 안에서 드리는 친근한 기도   087

8장 하나님께 집중하여 거룩을 체험하는 기도   097

9장 주님의 이름으로 드려지고 약속받는 기도   114

10장 나를 훈련하고 하나님의 주권을 인정하는 기도   122

11장 사역 자체이자 섬김의 열쇠로 받아들이는 기도   136

12장 우리가 깨달을 수 없는 기도의 영역   147

역자 후기

1장
왜 기도하는가?

"그러므로 내가 첫째로 권하노니 모든 사람을 위하여 간구와 기도와 도고와 감사를 하되 임금들과 높은 지위에 있는 모든 사람을 위하여 하라 이는 우리가 모든 경건과 단정함으로 고요하고 평안한 생활을 하려 함이라 이것이 우리 구주 하나님 앞에 선하고 받으실 만한 것이니 하나님은 모든 사람이 구원을 받으며 진리를 아는 데에 이르기를 원하시느니라 하나님은 한 분이시요 또 하나님과 사람 사이에 중보자도 한 분이시니 곧 사람이신 그리스도 예수라 그가 모든 사람을 위하여 자기를 대속물로 주셨으니 기약이 이르러 주신 증거니라 이를 위하여 내가 전파하는 자와 사도로 세움을 입은 것은 참말이요 거짓말이 아니니 믿음과 진리 안에서 내가 이방인의 스승이 되었노라 그러므로 각처에서 남자들이 분노와 다툼이 없이 거룩한 손을 들어 기도하기를 원하노라"딤전 2:1-8.

이해할 수 없는 일들과 자신의 한계를 넘어서는 일들에 부딪힐 때, 사람들은 간절하게 기도하게 된다. 기도는 자연적인 삶의 부분이 아니다. 내가 '자연적'이라고 말하는 의미는 일상적이고 건전하며 보통 사람들의 감각으로 느끼는 세상적인 개념이다. 어떤 사람들은 기도하지 않으면 우리 삶이 고통스러워질 것이라고 말하기도 한다. 그러나 과연 그럴까?

기도는 개인적인 야망의 걸림돌이다. 그래서 바쁜 사람은 기도할 시간이 없다. 기도하지 않으면 그 사람이 고통스러운 게 아니라 그의 안에 거하시는 하나님의 생명이 고통을 당한다. 그 생명은 음식이 아니라 기도에 의해 영양분을 섭취하기 때문이다. 만일 기도를 자기 계발을 위한 수단으로 여긴다면, 이는 비성경적일 뿐 아니라 절대 그렇게 되지도 않는다. 기도는 단순한 명상 이상으로, 우리 안에 있는 하나님의 생명을 자라게 한다. 사람이 위로부터 거듭나면 하나님의 아들의 생명이 그 사람 안에서 시작된다. 이때 그는 이 생명을 굶주리게 할 수도 있고 이 생명에게 영양분을 공급할 수도 있다. 기도는 하나님의 생명이 영양분을 공급받는 수단이다. 우리 주님께서는 주님 안에 있는 하나님의 생명에게 기도를 통해 영양분을 공급하셨다. 주님은 하나님 아버지와 지속적으로 교류하셨다.

우리는 일반적으로 기도를, 자신을 위하여 뭔가 얻기 위한 수단으로 여기지만, 성경적인 기도의 개념은 각 개인보다 하나님의 거룩, 하나님의 목적, 하나님의 지혜로우신 계획이 이루어지는 것이다. 기도에 대한 우리의 일반적인 관점은 성경에서 발견되지 않는다.

어떤 사람이 정말로 난관에 부딪치면 이것저것 따지지 않고 무조건 기도하게 된다. 기도를 해야 한다는 논리적인 생각을 할 새도 없이 저절로 기도가 터져나온다.

"이에 그들이 그 환난 중에 여호와께 부르짖으매 그들의 고통에서 구원하시되"시 107:13.

우리가 정말로 힘든 상황에 처하게 되면 우리의 논리는 바람처럼 사라지고 우리는 은연중에 기도하게 된다.

"구하기 전에 너희에게 있어야 할 것을 하나님 너희 아버지께서 아시느니라"마 6:8.

그렇다면 기도는 왜 하는가? 분명히 이 구절은 우리의 기도의 개념과 예수 그리스도의 기도의 개념이 같지 않다는 것을 보여준다. 예수님께 기도란 하나님으로부터 뭔가를 얻기 위한 수단이 아니라 하나님을 알기 위한 수단이다. 기도의 목적은 언제 어디서나 모든 상황 가운데 동일하게 하나님의 임재를 드러내는 것이다. 기도는 철없는 어린아이처럼 자신이 원하는 모든 것을 만족할 수 있는 이상적인 조건을 구하기 위해 떼쓰는 게 아니다.

어떤 사람은 이러한 질문을 한다.

"좋소. 전능자가 모든 것을 작정하셨다고 했는데, 그럼 우리는 왜 기도해야 합니까? 만일 주께서 결심을 하셨다면 기도를 통하여 주님의 마음을 바꾼다는 것이 도대체 무슨 의미가 있는 것입니까?"

우리는 하나님의 작정God's order과 하나님이 허용하시는 뜻God's permissive will에 차이가 있다는 사실을 기억해야 한다. 하나님의 작정은 하나님의 성품을 드러내고 하나님이 허용하시는 뜻은 하나님께서 허락하신다는 사실을 의미한다. 예를 들어, 죄와 고통과 병마와 한계와 죽음이 사라지는 것은 하나님의 작정이다. 그러나 하나님이 허용하시는 뜻은 이러한 모든 것들을 허락하신다. 우리는 하나님이 허용하시는 뜻 가운데 모든 일들을 겪게 되지만 기도라는 노력을 통하여 하나님의 작정에 이르러야 한다. 성경에 의하면 하나님의 자녀들은 주님의 피조물로서 믿음의 선택을 통해 하나님을 닮아가야 한다.

나는 사람들이 기도하기 위해 많이 모이지만 과연 기도의 가장 중요하고 기본적인 본질을 알고 기도회를 갖는지 궁금하다. 예수님께서는 우리에게 주님의 이름으로, 즉 주님의 속성 안에서 기도하라고 하셨다. 주님의 속성은 우리가 위로부터 거듭날 때 성령에 의하여 우리 마음속에 충만하게 임한다눅 11:13 ; 롬 5:5. 다시 말하자면 주님께서는 모든 기도 모임에 함께하시겠다고 약속하신 적이 없다. 주님의 약속은 "두세 사람이 내 이름으로 모인 곳에는 나도 그들 중에 있겠다"는 것이다 마 18:20. 주님의 이름, 즉 주님의 속성 안에서 함께 모여 기도할 때 그 자리에 함께하시겠다는 것이다. 우리 주님은 '종교적인 지껄임'에 신경쓰지 않으신다. 이에 주님께서 "또 기도할 때에 이방인과 같이 중언부언하지 말라 저희는 말을 많이 하여야 들으실 줄 생각하느니라"고 말씀하셨다 마 6:7. 이 구절은 단어의 반복을 피하라는 뜻이기보다 기도의 열심이 우리를 하나님과 만나게 하는 요소라고 생각해서는 안 된다는 뜻이다. 우리가 하나님을 만날 수 있는 유일한 근거는 오직 우리 주 예수 그리스도의 대속적인 죽음이기 때문이다 히 10:19.

주님께서는 응답되지 않는 기도에 대해 말씀하신 적이 없다. 주님의 말씀에 의하면 하나님은 언제나 우리의 기도를 응답하신다. 우리가 예수님의 이름으로 기도하면, 즉 주님의 속성에 맞는 기도를 드리면, 기도의 응답은 우리의 속성에 맞게 응답되는 것이 아니라 주님의 속성에 맞게 응답된다. 우리는 이 사실을 망각하는 경향이 많다. 그래서 하나님께서 기도에 항상 응답하시는 것은 아니라고 오해한다. 그러나 하나님은 반드시 응답하신다. 특히 우리가 하나님과 친밀한 관계를 유지할 때 하나님께서는 우리를 바르게 인도하신다.

"구하라 그러면 너희에게 주실 것이요" 마 7:7.

우리는 보통 하나님 앞에서 투덜거리든지 냉담이나 변명은 하지만 거의 구하지는 않는다. 그러나 어린아이처럼 담대하게 구한다면 얼마나 멋지겠는가!

"너희가 돌이켜 어린아이들과 같이 되지 아니하면…"마 18:3.

예수님은 하나님께 구하면 하나님께서 반드시 응답하실 것이라고 말씀하셨다요 11:22. 예수 그리스도께 기회를 드리라. 주님께서 마음껏 역사하시도록 부탁하라. 사람은 어쩔 수 없는 지경에 이르기까지 주님께 구하지 않는다. 전쟁 중에는챔버스가 처했던 전쟁 상황은 제1차 세계대전이었다-역주 많은 군사들이 난생 처음으로 기도하곤 한다. 곤경을 당해 기도하는 것은 겁쟁이나 하는 행동이 아니다. 기도는 실체 되시는 주님을 만나는 유일한 길이다. 부족한 것이 없고 안일한 마음을 가지고 있는 한, 우리는 하나님께 아무것도 구할 필요를 느끼지 못하며 하나님을 원하지도 않는다. 오직 자신에게 아무 능력이 없다는 사실을 알게 될 때, 우리는 예수 그리스도의 음성을 듣고 그대로 순종할 준비를 갖추게 된다.

우리 주님께서는 또 이렇게 말씀하신다.

"너희가 내 안에 거하고 내 말이 너희 안에 거하면 무엇이든지 원하는 대로 구하라 그리하면 이루리라"요 15:7.

당신의 마음과 뜻이 어디에 있느냐가 중요하다. 마음과 뜻은 전혀 다른 곳에 있으면서 기도할 때 거짓 감정을 만들어내는 것은 아주 쉬운 일이다. 기계적인 기도에는 마음이 들어 있지 않다. 어떤 사람이 잘못된 길로 나아가는 것을 볼 때, 그를 붙들고 장황하게 그 잘못을 지적하는 것은 올바른 방법이 아니다. 예수님께서 말씀하신다.

"와서 내게 말하라 그러면 내가 '죽음에 이르는' 죄를 짓지 아니한 그를 위해 네게 기도할 마음을 주겠다"요일 5:16.

하나님 앞에 진실하게 서서 당신의 문제를 말하라. 당신의 힘으로는 어쩔 수 없는 것들을 아뢰라. 당신이 뜻하는 바를 구하라. 예수 그리스도께서는 당신의 기도가 응답될 것이라고 말씀하신다. 기도 시간 외에 우리의 사는 모습을 보면 우리가 구하는 바에 우리의 뜻이 담겨 있는지 없는지를 언제나 알 수 있다.

그리스도인에 대한 성경적 관점은 그리스도인을 통하여 하나님의 아들이 계시된다는 것이다. 기도는 하나님의 아들의 생명에게 영양분을 주는 것이다. 하나님의 아들의 생명이 영양분을 잘 공급받기 위해 우리는 염려를 거부해야 한다. 왜냐하면 '염려'는 내 뜻대로 할 수 없는 뭔가가 있다는 뜻이기 때문이다. 그러나 실제로 염려가 생기는 이유는 하나님과 나와의 관계가 인격적으로 불편하기 때문이다. 예수 그리스도께서 말씀하신다.

"네 생명에 대하여 염려하지 말라 몸을 죽이는 것들을 염려하지 말라 그러나 하나님의 성령이 네게 지시하는 바를 행하지 못할까 염려하라."

"범사에 감사하라" 살전 5:18.

어떤 일이 있어도 염려하는 지경에까지 가지 말라. 왜냐하면 염려는 당신으로 하여금 당신 자신에게만 신경을 쓰게 하고 하나님의 생명에게 영양분을 공급하는 것을 방해하며 망각하게 하기 때문이다. 어떤 일이 발생하더라도 그 상황 가운데 하나님이 계시다는 사실을 믿고 감사하라. 수많은 사람들이 지옥 같은 전쟁의 참호 속에서 하나님을 발견한다. 즉, 자신들의 한계를 느끼는 가운데 하나님을 발견하게 되는 것이다. 전쟁 가운데서 그리스도인들이 평정을 잃지 않을 수 있는 비결은 어떤 무관심 때문이 아니라 하나님께서 나의 아버지 되시고 나를 사랑하신다는 사실을 알기 때문이다. 즉, 주께서 나를 절대로 잊지 않으신다는 확신을 가질 때 염려는 틈타지 못한다.

"기도는 상황을 바꾼다"라는 말이 반드시 맞는 말은 아니다. 오히려 "기도는 나를 바꾼다. 그러면 상황은 나로 인하여 바뀐다"라고 하는 것이 더욱 정확한 표현이 된다. 즉, 하나님께서는 우리에게 무엇을 행하도록 하기 위해 우리를 창조하셨는데, 오히려 우리가 하나님께 그 일을 하시도록 간구해서는 안 된다는 것이다. 예를 들어, 예수 그리스도는 사회 개혁자가 아니다. 주님은 먼저 우리를 변화시키기 위하여 이 땅에 오셨다. 만일 이 세상에 사회적인 개혁이 필요하다면 그 일은 우리가 해야 하는 것이다.

하나님께서는 구속에 근거한 기도에 의해 우리가 상황을 보는 방법을 바꿀 수 있도록 정하셨다. 기도는 외적인 상황을 바꾸어내는 것이 아니라 사람의 성향을 바꾸어내는 놀라운 기적이다. 즉, 당신이 기도할 때 상황은 그대로 유지된다. 그러나 당신이 달라지기 시작한다. 사람이 사랑에 빠질 때도 같은 현상이 나타나는데, 사랑에 빠지면 상황과 조건은 바뀐 것이 없음에도 불구하고 그는 그 사랑의 대상으로 인해 모든 것이 변화된 것처럼 느끼게 된다. 만일 우리가 위로부터 거듭나고 그리스도께서 우리 안에 형성되시면 그 즉시 우리는 모든 상황을 다르게 보기 시작한다.

"그런즉 누구든지 그리스도 안에 있으면 새로운 피조물이라"고후 5:17.

하늘 그 위는 말로 다 할 수 없는 청명함이 있네.
온 땅은 향긋한 청록으로 가득 차고
모든 색채에 생명이 살아 있지.
그리스도가 없는 눈들은 이 모든 것을 보지 못하네.
새들은 감출 수 없는 기쁨으로 노래를 부르고
꽃들은 더욱 깊은 아름다움을 드러내지.

내가 안 이후로, 지금도 아는 것은,
나는 주님의 것이며
주님은 나의 주님이라는 사실이라네.

    기도의 유익은 우리가 하나님을 알게 되는 것이요, 하나님의 허락하시는 뜻 가운데 어떠한 일이 발생한다고 해도 주께서는 우리를 통해 주의 작정을 이루어 가신다는 점이다. 사람은 기도를 통해, 어떠한 상황에도 '불구하고' 변화되는 것이 아니라 그 상황 '때문에' 변화한다. 리더 해리스챔버스의 친구이자 조언자로 뛰어난 영국 변호사. 1891년에 오순절 기도동맹(the Pentecostal League of Prayer)을 창설했다-역주가 한때 말하였던 것처럼 우리가 상황 위에 서 있으면 솜털로 만든 침대처럼 부드럽게 느끼지만, 그 상황에 깔리면 우리는 당장 숨막히는 비참함에 떨어지게 된다. 예수 그리스도는 성령을 통해 우리가 언제나 상황 위에 머물 수 있도록 우리를 지키신다.

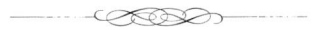

    하나님과 함께하는 이 고요한 아침 시간이 얼마나 아름다운지요! 오 주님, 오늘 이 아침에 저의 영혼은 이 세상을 창조하신 주님께, 그리고 제 안에 주의 생명을 창조하신 예수 그리스도께 머

물게 됩니다. 오, 당신을 완전하게 흠모할 수 있도록 당신의 성령의 능력으로 제 안에 머물게 하소서.

주께서 제게 베푸신 모든 은총을 어떻게 보답할까요? 저는 제 구원의 잔을 마시겠습니다. 주께서 제게 베푸신 은총에 어떤 순복과 헌신과 감사로 보답할까요? 오 주님, 주님의 살아 역사하시는 임재를 간절히 소원하오며 저를 계속 축복하시기를 소원합니다.

오 주님, 오늘 당신의 아름다움과 은혜와 부드러운 평강이 제게 임하며 제 안에 충만합니다. 그 어떠한 폭풍도, 거친 파도도, 끝없는 염려도, 제 안에 그리고 이 자리에 계신 주님의 아름다움과 평강을 흔들지 못할 것입니다.

예수님의 이름으로 기도드립니다. 아멘.

2장
주님의 고통에 초점을 맞추는 기도

"시험에 들지 않게 깨어 기도하라 마음에는 원이로되 육신이 약하도다" 마 26:41.

이 구절은 우리 주님께서 가장 큰 고통을 당하시는 순간에 말씀하신 것이다. 만일 이 내용을 잊는다면 참으로 뻔뻔한 것이다. 우리 주님께서 말씀하신 기도에 관한 내용 중에 이 말씀보다 더 중요한 것은 없다. 나는 거룩하고 단순한 기도를 드리는 비결을 말하려고 한다. 만일 기도가 우리에게 쉽지 않다면 잘못된 것이다. 만일 기도가 노력이라면 우리는 정도에서 많이 벗어난 것이다. 진실함으로 기도할 수 있는 부류의 사람은 바로 어린아이 같은 성도들이다. 이들은 기도에 관한 한 단순하며 '어리석은' 하나님의 초자연적인 자녀들이다. 그렇다. 기도에 관한 한 '어리석어야' 한다.

하나님께서 왜 기도를 응답하시는지 이성을 기초로 설명한다면 그 설명은 전혀 이치에 맞지 않게 된다. 하나님께서 기도를 응답하시는 유일한 근거는 오직 구속Redemption 때문이다. 기도가 응답되는 이유가 우리의 열심이나 간절함 때문이라고 착각하지 말라. 우리가 고통당하기 때문에 기도가 응답되는 것도 아니다. 오직 예수님께서 우리를 위하여 고난을 당하셨기 때문에 우리의 기도가 응답되는 것이다. 이 사실을 잊지 말라. 우리 주 예수 그리스도께서 겟세마네 동산에서 가장 깊은 고통의 골짜기를 지나셨기 때문에, 그리고 갈보리 십자가를 지나셨기 때문에 "우리가 예수의 피를 힘입어 성소에 들어갈 담력"히 10:19을 얻는 것이다.

기드론 골짜기를 지나 겟세마네 동산으로 나아가자. 우리는 주님께서 겟세마네에서 당하신 고통을 다 헤아릴 수는 없다. 그러나 적어도 오해를 해서는 안 된다. 주께서 당하신 고통은 사람이 당하는 고통과는 그 차원이 다른 것이었다. 이는 '인자로서'가 아니라 '인자 안에서' 친히 당하시는 하나님의 고통이었다. 이 고통은 인간적 차원이 아니기에 절대로 우리의 생각으로 헤아릴 수 없다. 그러나 우리가 오해하지 않도록 성경은 주님의 고통에 대하여 설명해 놓았다. 주님을 특별한 사람으로 생각하려는 경향을 주의하라. 주님은 성육신하신 하나님이셨다.

우리 주님의 무차별한undiscerned 말씀

"너희는 여기 머물러 나와 함께 깨어 있으라 … 시험에 들지 않게 깨어 기도하라"마 26:38,41.

예수님께서 제자들에게 부탁하신 대로 깨어 있기 위해서는 기도해야 한다는 의식을 가지고 있는가? 주님께서는 "뭐든 기도하라"고 하지 않으시고 "하나님께 무엇이든 구하라"고 하셨다. 제자들에게 주께서 말씀하신 기도의 내용은 "나와 함께 깨어 있으라"는 말씀으로 요약된다. 주님께서는 기도에 대해 감상적이거나 종교적인 내용이 아니라 매우 실천적이고 실제적인 내용을 말씀하신 것이다. 위 구절이 그중 하나이다.

아마도 기도를 이해하는 데 가장 큰 어려움은 우리가 주님을 진실로 '주인'으로 모시지 않고 기도를 하는 점에 있다. 우리는 '주님'이라고 부르지만 이것은 종교적인 표현일 뿐 실제로 우리 마음은 주님을 주인으로 생각하지 않을 때가 많다. 즉, 우리에게는 주님을 주인으로 모시려는 의도가 없다. 우리는 예수님이 우리의 구세주요 우리를 용서하시는 분이라는 개념에 익숙해져 있다. 예수님을, 우리를 돕는 초자연적인 존재로 알고 있다. 그러나 우리의 현실 속에서 예수님을 주인으로 모시는 개념은 거의 상실되어 있다. 주님께서 우리를 위해 '이루신 일'에 대해서는 열심히 지지하지만, 주님을 '주인'으로 지지하지는 않는다.

우리 주님께서 배정하신 적절한 위치

"이에 예수께서 제자들과 함께 겟세마네라 하는 곳에 이르러 제자들에게 이르시되 내가 저기 가서 기도할 동안에 너희는 여기 앉아 있으라 하시고" 마 26:36.

"내가 저기 가서 기도할 동안에 너희는 여기 앉아 있으라."
이것은 당시의 관행이었다. 어떻게 기도하느냐에 대한 예로서 예수님이 기도 자세를 말씀하신 것은 당연하다. 그러나 근본적으로, 예수님의 기도 자세를 우리가 그대로 취하는 것은 반드시 옳다고 볼 수 없다. 그 이유는 우리가 하나님과 갖는 관계는 예수님께서 하나님과 갖는 관계와 같을 수 없기 때문이다. 특히 겟세마네 장면은 더욱 그러하다. 이 장면에서 하나님과 주님의 관계는 구속을 이루시는 관계에 있다. 우리는 기도할 때 주님과의 관계에 앞서 주님의 구속을 보아야 한다. 따라서 우리는 주님의 구속에 대해 확신할 수 있을 때까지 "여기 앉아 기다려야" 한다. 사람들은 이렇게 반문한다.

"왜 성경을 공부하느라 시간을 낭비합니까? 평생 성경만 공부하실 겁니까? 지금 당신이 돌봐야 하는 사람들이 많지 않습니까? 얼마나 급한 일들이 많은지 돌아보십시오!"

그렇다. 그 모든 일들이 처리되어야 한다. 그러나 그것들이 핵심은 아니다. 핵심은 주님께서 우리에게 "내가 저기 가서 기도할 동안에 너희는 여기 앉아 있으라"고 말씀하신 대로 그대로 행할 준비가 되어 있느냐 하는 것이다. 우리가 자신의 주인이 아니라면 우리는 주께서 말씀하신 대로 행하여야 한다. 내가 하고 싶은 대로 한다면 나는 주의 제자가 아니다. 당신은 스스로의 명분을 좇는가? 아니면 그리스도 예수의 제자인가? 주님께서 제자들에게 말씀하셨다.

"여기 앉으라."

만일 주님의 제자들이 명분을 좇는 사람들이었다면, "싫습니다. 말도 안 됩니다. 지금 할 일이 얼마나 많은데요. 나가서 뭔가를 해야 합니다"라고 말하였을 것이다.

성경의 분위기에 익숙해질수록 우리는 주님의 생애에 언제나 상상을 초월하는 여유로움이 있었다는 것을 발견하게 된다. 아무리 고통스럽고 급한 상황에서도 주님은 전혀 서두르지 않으셨다. 문제는 우리가 하나님께서 하라고 명하신 대로 행하려 하면 우리의 친구들이 이렇게 말하는 것이다.

"다 좋다. 그러나 우리가 모두 앉아 있기만 하면 무슨 일이 이루어지지?"

사실 주님은 기도하실 때 모든 제자들에게 다 그곳에 앉아 있으라고 말씀하신 것은 아니다. 제자들 중 세 사람에게만 말씀하셨다. 이 장면을 통해 예수님께서 제자들에게 말씀하시려는 요점은, 우리에게 발생하는 모든 우연하고 급한 상황들 가운데서 하나님의 뜻을 분별해야 한다는 것이다. 만일 우리가 주 예수 그리스도를 영접하고 주님의 주권을 인정한다면 우리에게 의미 없이 발생하는 우연한 사건이란 없다. 그 이유는 그 모든 상황과 환경을 하나님께서 계획하고 움직이시기 때문이다. 따라서 우리의 마음속에서는 쓸데없는 걱정이 사라지고, 상황을 조작해 보거나 인간의 힘으로 처리하려는 마음이 사라진다. 그러므로 우리가 알게 되는 것은 "하나님을 사랑하는 자 곧 그의 뜻대로 부르심을 입은 자들에게는 모든 것이 합력하여 선을 이룬다"롬 8:28는 사실이다. 만일 주님께서 "내가 저기 가서 기도할 동안에 너희는 여기 앉아 있으라"고 하셨다면, 지금 우리가 할 수 있는 가장 적절한 일은 그 자리에 '앉아 있는 것'이다.

우리 주님의 동역자들을 위해 정해진 장소

"베드로와 세베대의 두 아들을 데리고 가실새 고민하고 슬퍼하사"
마 26:37.

주님께서는 주의 고민과 슬픔을 세 제자들과 함께 나누셨다. 사람이 이해할 수 있을 만큼 최대한 나누신 것이다. 베드로는 감정적인 면과 물질적인 면에서 우리 주님께 임하였던 첫 번째 시험을 감당한 인물 같다. 야고보는 예수님께 임하였던, 대단히 의식적ritualistic인 면의 두 번째 시험을 감당한 인물 같다. 요한은 이기기 위해 무엇이든 타협하도록 하는 마지막 시험을 감당한 인물 같다. 주님께서는 이 세 제자를 취하셔서 한 가지 목적을 위해 주님과 동반하게 하셨다. 바로 주님의 고난을 보게 하는 것이었다.

"너희는 여기 머물러 나와 함께 깨어 있으라" 마 26:38.

주님은 그들을 거기서 잠들라고 데려오신 것이 아니었다. 그곳에서 그들이 주님을 기다리며 깨어 있기를 원하셨다. 우리가 잘 알듯, 예수님께는 열두 제자가 전부였다. 주님은 제자 하나가 주를 배반할 것을 알고 계셨으며 베드로가 곧 맹세와 저주로 주를 부인할 것도 알고 계셨다. 또한 나머지 제자들도 주를 버리고 도망갈 것을 알고 계셨다. 그러나 주께서는 이 세 제자를 따로 취하셔서 주의 마음을 그대로 볼 수 있도록 하셨다. 그러나 그들은 자신들의 슬픔 가운데 곤하게 잠들었다.

예수님의 고난의 장소

"고민하고 슬퍼하사" 마 26:37.

주님은 다른 제자들에게 전혀 말씀하지 않았던 것을 세 제자들에게는 말씀하셨다. 예수님께서 독백으로 "지금 내 마음이 괴로우니 무슨 말을 하리요"요 12:27라고 말씀하셨는데, 이 내용은 이곳 겟세마네에서 세 제자들에게 말씀하신 것과 비슷하다.

"이에 말씀하시되 내 마음이 매우 고민하여 죽게 되었으니…."

당신은 한순간이라도 예수님의 기도 장면을 본 적이 있는가? 당신은 성령과 주님께서 왜 그렇게 겟세마네의 고통을 예외적으로 묘사하고 있는지 이해하고 있는가? 겟세마네의 고통은 순교자의 고통이나 사람의 단순한 고통이 아니었다. 그 고통은 '인자로서' 하나님이 겪으신 고통이었다. 즉, 하나님께서 인자로서 인류의 구속을 완성하기 위한 최상의 초자연적인 마지막 단계를 지나셨다.

우리는 그리스도인의 체험에 있어서 성령께서 역사하시는 가장 간단하고 근본적인 진리에 더 많은 관심을 가져야 한다. 근본적인 진리는 구속과 성령의 인격적 체험이다. 이 두 진리는 한 분의 전능하신 인격체에 집중하게 되는데, 바로 주 예수 그리스도시다. 오순절 기도동맹오스왈드 챔버스의 친구이며 스승인 법정 변호사 리더 해리스에 의해 1891년 영국에 창설됨-역주이 예수 그리스도의 구속을 우리 개인적인 삶에서 실제가 되게 하시는 성령의 효과적인 역사를 강조하는 점에 감사를 드린다.

기억하라! 기도가 쉬운 이유는 우리의 언변이나 이해력 때문이 아니라 구속을 위해 하나님께서 엄청난 고통을 당하셨기 때문이다. 어떤 것의 가치는 그것을 위해 무엇이 지불되었는가에 따라 달라진다. 그러나 기도는 우리가 무엇을 지불하는가와 관계 없다. 우리의 기도를 위해 전능하신 하나님께서 친히 자신을 희생하셨다. 이에 어린아이들도 기도할 수 있고 그 누구라도 기도할 수 있게 된 것이다. 이제 주님의 이름을 부르는 자들이 주께 기도를 드리게 될 때 그 기도를 위해 지불된 대가가 무엇인지 알 수 있게 되었다. 다음은 바로 그 비밀을 알리는 구절이다.

"내 마음이 매우 고민하여 죽게 되었으니."

이 구절은 주님께서 친히 고통에 대하여 말씀하신 것이다. 우리는 우리 주님이 사탄에게 당하신 시험마 4장에서 겟세마네의 비밀을 알아낼 수 있는 열쇠를 얻을 수 있다. 그 시험이 이제 겟세마네에서 전보다 더 무섭고 깊은 차원으로 다시 찾아왔다. 주께서 겟세마네에서 당하신 시험은 우리가 당하는 시험의 종류와는 다르다. 그 시험은 '인자로서 하나님께서' 역사적 구속을 마지막으로 마무리하는 과정에서 당하신 시험이다.

"그러나 이 진리들은 너무나 커서 깨닫기가 힘듭니다. 왜 이렇게 깊어야 하나요? 언제나 우유 또는 죽을 주시면 안 되나요?"

그러나 이러한 때가 바로 우리가 거룩한 삶을 살 수 있도록 하기 위해 하나님께서 어떤 대가를 치르셨는지에 더욱 관심을 쏟을 때가 아니겠는가. 우리는 거룩한 삶을 살기가 어렵다고 말하곤 한다. 그러나 하나님께서 거룩한 삶을 살 수 있도록 엄청난 대가를 치르셨다는 사실을 믿을 때, 우리에게는 전능하신 하나님이 알려주신 절대적이고 쉬운 단순한 길이 있다. 절대로 우리가 어떤 대가를 치러야 하는

가에 초점을 맞추지 말고 하나님께서 우리를 위하여 어떤 대가를 치르셨는가에 초점을 맞추라.

기도도 마찬가지이다. 기도에 우리가 얼마나 많은 시간과 열정과 정성을 쏟는지에 초점을 맞추지 말라. 대신 우리가 기도할 수 있도록 하기 위해 하나님께서 자신의 모든 것을 지불하셨다는 사실을 깨달으라. 예수님께서는 제자들에게 "고통의 몸부림을 치라"고 말씀하지 않으시고 "나와 함께 깨어 있으라"고 말씀하셨다. 주님은 그들의 눈을 가리는 베일을 거두시고 그들로 하여금 주님께서 겪으시는 고통이 무엇인지를 보기를 원하셨던 것이다. 주님이 누구신가를 생각해보자. 그분은 하나님의 아들이시다. 주님께서는 주님이 우리를 위하여 어떤 고난을 지나셨는가를 기도로 깨어 기억하기 원하시는 것이다.

"내 마음이 매우 고민하여 죽게 되었으니 너희는 여기 머물러 나와 함께 깨어 있으라" 마 26:38.

하나님 나라로 들어가지 못하게 하는 잘못된 길의 유혹

"시험에 들지 않게" 마 26:41.

예수님께서 주님의 나라에 대하여 말씀하실 때마다 제자들은 주님의 나라를 이 땅에 세워지는 세상 나라로 오해하였다. 그러나 예수님께서 "내 나라는 이 세상에 속한 것이 아니니라 만일 내 나라가 이 세상에 속한 것이었더라면 내 종들이 싸워 나로 유대인들에게 넘겨지지 않게 하였으리라 이제 내 나라는 여기에 속한 것이 아니니라"고 말씀하셨다요 18:36. 또한 주께서는, "하나님의 나라는 볼 수 있게 임하는 것이 아니요 또 여기 있다 저기 있다고도 못하리니 하나님의 나라는 너희 안에 있느니라"고 하셨다눅 17:20-21.

잘못된 길에서 구원을 받을 수 있는 유일한 방법은 우리 주님께서 시키시는 대로 하는 것이다. 즉, "시험에 들지 않게 깨어 있어 기도하는 것"이다. 만일 깨어 기도하지 않으면, 자신이 어디에 서 있는지도 모른 채 유혹에 빠져 넘어가게 된다. "그러나 인자가 올 때에 세상에서 믿음을 보겠느냐"라고 주께서 탄식하셨는데, 이는 그때 주께서 각 개인에게서 믿음을 찾을 것이지만 대부분의 조직 교회의 많은 성도들은 하나님의 나라로 들어갈 수 없는 잘못된 길로 빠져 있을 것이라는 뜻이다.

물질 형통의 길

"그때에 예수께서 성령에게 이끌리어 마귀에게 시험을 받으러 광야로 가사 사십 일을 밤낮으로 금식하신 후에 주리신지라 시험하는 자가 예수께 나아와서 이르되 네가 만일 하나님의 아들이어든 명하여 이 돌들로 떡덩이가 되게 하라 예수께서 대답하여 이르시되 기록되었으되 사람이 떡으로만 살 것이 아니요 하나님의 입으로부터 나오는 모든 말씀으로 살 것이라 하였느니라 하시니"마 4:1-4.

'돌들로 떡덩이가 되게 하라'는 유혹은 인간에게 가장 힘든 유혹이다. 만일 모든 사람의 질병을 고칠 수 있고 모든 사람을 풍성하게 먹이며 풍요롭게 살 수 있는 어떤 수단을 발견한다면 정말로 놀라운 일이 될 것이다. 우리는 이 땅에 임할 하나님의 나라가 이러한 나라일 것이라고 듣는다. 그러나 "우리는 속죄나 보혈 같은 것은 더 이상 필요 없다. 오늘날 필요한 것은 다른 사람들에게 우리의 것을 나누어 주는 것이다"라는 음성은, 우리를 하나님 나라에 들어가지 못하도록 하는 잘못된 음성이다. 만일 우리가 깨어 기도하지 않으면 이러한 속임수에서 벗어나지 못할 것이다. 예수님께서는 "나와 함께 깨어 있으라. 내가 하나님의 나라로 가는 유일한 길"이라고 말씀하셨다.

주님께서 당하셨던 시험이 우리에게도 찾아오면 우리는 주님과 함께 계속 거해야 한다. 사탄은 말할 것이다.

"명하여 이 돌들로 떡덩이가 되게 하라. 당신의 필요를 채우고 다른 사람의 필요를 채우라. 그리고 그들을 다스릴 수 있는 왕이 되라."

과연 사탄의 음성이 맞는가? "그러므로 예수께서 그들이 와서 자기를 억지로 붙들어 임금으로 삼으려는 줄 아시고"요 6:15의 구절을 보

라. 왜 군중들은 예수님을 왕으로 삼으려고 하였을까? 예수님께서 바로 직전에 오천 명을 먹이셨기 때문이다. 그러나 예수님께서는 "다시 혼자 산으로 떠나"가셨다. 주님께서는 그러한 차원에서 왕이 되려고 하지 않으셨다.

도를 닦는 신비주의의 길

> "이에 마귀가 예수를 거룩한 성으로 데려다가 성전 꼭대기에 세우고 이르되 네가 만일 하나님의 아들이어든 뛰어내리라 기록되었으되 그가 너를 위하여 그의 사자들을 명하시리니 그들이 손으로 너를 받들어 발이 돌에 부딪치지 않게 하리로다 하였느니라 예수께서 이르시되 또 기록되었으되 주 너의 하나님을 시험하지 말라 하였느니라" 마 4:5-7.

우리는 주님께서 자신이 당하신 시험을 어떻게 다루시는지를 보고 있다. 가장 거룩한 문제에 있어서 아무도 의지하지 않고 성령만 의지하시는 주님을 본다. 이 시험은 어디에서나 임할 수 있는 시험이다.

"너는 하나님의 아들이다. 사람들을 깜짝 놀라게 할 만한 초자연적인 일을 하여라. 그러면 세상은 네 발 아래 있게 될 것이다."

이 음성은 분명한 사탄의 음성이다. 오늘날 이보다 더 강한 유혹이 어디에 있겠는가? 지금 사탄은 기적을 통해 많은 사람들을 유혹하여 멸망으로 이끌고 있다. 예수 그리스도를 떠난, 방언 운동 및 치유의 기적 및 여러 초자연적인 기적들을 구하는 운동들이 그러하다. 이러한 유혹에 빠진 자들은 주님의 놀라움을 보고 주께 영광을 돌리는 대신에 자신을 드러내려고 한다. 따라서 거의 예외 없이 극심한 금식을 하며 자신들을 드러내기 위해 뭔가에 열중한다. 물론 이들에게서 나타나는 종교적인 모습은 겉으로 보기에는 마치 성령께서 역사하시는 모습과 아주 비슷하다. 그러나 이들의 가르침은 주님의 가르침과 대단히 상충된다. 특히 강청은 중보를 위한 것으로서 결코 나 자신을 위한 것이 아니다. 우리는 다른 사람을 위해 강청해야 한다. 즉, 강청은 자신을 위한 기도가 아니라 다른 사람을 위한 기도를 할 때 사용할 수 있는 것이다. 그러나 유혹에 빠진 이들은 자신을 위해 끈질기게 강청한다.

"하나님의 나라는 볼 수 있게 임하는 것이 아니요." 눅 17:20.

하나님의 나라는 지금 역사하고 있다. 장래에 하나님의 나라가 눈에 보이게 임하는 것은 다른 문제이다. 주님의 제자들은 그들 나름대로 하나님 나라에 대한 개념을 가지고 있었다. 그들은 주님께서 말씀하시는 하나님 나라에 대해 무지하였다. 따라서 주님이 말씀하신 하나님 나라에 대해 들었을 때 많은 실망을 하였고 이에 고민하게 되었던 것이다. 그들은 주께서 "나와 함께 깨어 있으라"고 하실 때 깨어 있을 수 없었다. 실망과 슬픔 가운데 있었던 그들은 주께서 무엇을 추구하시는지 도무지 알 수 없었던 것이다.

권력을 향한 정신의 길

> "마귀가 또 그를 데리고 지극히 높은 산으로 가서 천하만국과 그 영광을 보여 이르되 만일 내게 엎드려 경배하면 이 모든 것을 네게 주리라 이에 예수께서 말씀하시되 사탄아 물러가라 기록되었으되 주 너의 하나님께 경배하고 다만 그를 섬기라 하였느니라"마 4:8-10.

이는 타협하게 하는 유혹이다. 어떤 사람은 이 세상에는 악이 가득하기 때문에 악과 타협하며 지혜롭게 처신해야 한다고 말한다. 사탄이 말한다.

"만일 내게 엎드려 경배하면 이 모든 것을 네게 주리라."

이 유혹은 모든 유혹 중 가장 음흉한 유혹이다. 사람들은 우리에게 "너무 그렇게 곧게 행동하지 마세요. 인격적인 마귀의 존재를 믿는 시대는 이미 지나갔습니다"라고 말한다. 주께서 이러한 타협에 넘어간 우리를 용서하시기를 간구한다. 사탄은 주님이 오셔서 그를 멸망시키는 날까지 이 땅에서의 그의 악한 역사를 결코 멈추지 않을 것이다. 교회가 사탄의 유혹에 넘어가 세상 성공을 위해 타협해야 하겠는가? 절대로 그렇게 되어서는 안 될 것이다. 그러나 이미 많은 교회들이 세상 성공을 위해 사탄에게 무릎을 꿇고 타협하고 있다. 거듭나지 않은 자연인들은 이러한 유혹을 이길 수 없다. 그 이유는 세상에서의 성공이 그들의 삶의 목표이기 때문이다. 이러한 유혹은 하나님의 나라에 들어가는 길을 막는 사탄의 미끼들이다. 겟세마네에서 고통당하신 우리 주님을 바라보지 못하게 만드는, 달콤하고 멋진 것들을 주의하라.

연단되지 않은 비전의 빛

"마음에는 원이로되 육신이 약하도다" 마 26:41.

우리가 비전 가운데 뭔가를 보면 그 비전을 시작하고 행하는 것은 아주 쉽다. 비전을 보면서 우리는 이 지저분한 세상의 것들을 다 떨쳐버리는 칠천층의 하늘로 사로잡혀 올라간다. 그리고 한동안 말로 형용할 수 없는 황홀한 시간들을 갖는다. 그러나 우리는 다시 악령으로 가득 찬 이 세상으로 내려와야 한다. 우리의 삶이 실체를 시험하는 곳은 이른 새벽의 금빛 찬란한 정상이 아니라 바로 죄악으로 가득 찬 이 세상의 계곡이다.

승리의 순간

"바요나 시몬아 네가 복이 있도다" 마 16:17.

베드로에게도 승리의 순간이 있었다. 그러나 그 후 그는 연단의 기간을 지나야 했다. 주께서 베드로에게 "내 양을 먹이라"는 음성을 들려주시기 전에 베드로는 가슴이 무너지는 고통스러운 순간들을 지나야 했다. 베드로는 진심으로 주님을 위해 무엇이든지 하려고 하였다. 그러나 그의 영은 원하였지만 육신이 약하였다. 우리는 육신을 고려해야 한다. 그러나 육신과 관계해서는 안 된다. 우리는 단지 영의 비전들이 우리의 육신을 통해 나타나도록 해야 한다. 우리가 죽은 후 하늘나라에 가게 되는 것은 감사한 일이다. 그러나 죽기 전에는 하늘나라에 가지 않는 것도 감사하다. 우리는 하늘나라를 희미하게 본다. 그러나 어느새 우리는 현실의 상황으로 돌아온다. 연단되지 않은 비전의 빛 가운데 너무 오래 거하지 말라. 승리의 순간으로 인해 하나님께 감사드린다. 우리는 우리가 본 비전대로 이 험난한 땅에서 살아내야 한다.

변모의 순간

"그들 앞에서 변형되사 그 얼굴이 해같이 빛나며 옷이 빛과 같이 희어졌더라"마 17:2.

변화산 상에서의 주님의 순간적인 모습은 부활 이후 이른 아침에 바닷가 해변에 서 계신 부활의 주님으로 이어진다.

"숯불이 있는데 그 위에 생선이 놓였고 떡도 있더라"요 21:9.

변모된 주님을 보았다면 하나님께 감사드리자. 주님께서 보여주신 전능하심을 감사하자. 그러나 그 비전은 우리의 현실 상황에서 실제가 되어야 한다는 사실을 기억하라. 주님의 영광은 흙으로 만든 우리의 육체를 통해 나타나야 한다. 주께서 그 영광을 나타내기를 원하시는 곳이면 어느 곳이든지 우리의 눈과 손과 발을 통해 나타나야 하는 것이다. 하지만 우리는 변화산 상의 베드로처럼 "오 주님, 우리는 여기가 좋사오니"라고 말하며 영광의 순간에만 머물려는 경향이 있다.

초월의 순간

"베드로가 이르되 내가 주와 함께 죽을지언정 주를 부인하지 않겠나이다 하고 모든 제자도 그와 같이 말하니라"마 26:35.

베드로는 진정으로 고백하였다. 그 순간은 그에게 초월의 순간이었다. 그는 예수 그리스도를 위하여 무엇이든 했을 것이다. 그러나 그는 맹세와 저주로 예수님을 부인하게 되었다. 베드로는 위선자는 아니었지만 깨어 기도하지 않았다. 그는 자신을 믿고 예수님을 부인하지 않겠다고 선언했지만, 구속의 바탕에서 인간의 마음이 어떠한지를 이해하지 못했다.

삶 가운데 영웅적인 순간들이 있기에, 하나님께 감사한다. 영웅적인 순간에 멋지게 보이는 삶을 사는 것은 비교적 쉽다. 우리는 사람들 앞에서 거룩한 모습으로 비추어질 수 있다. 거룩한 장소에 서고 뒤에는 모자이크로 되어 있는 창문들이 있는 배경에서 멋진 복장을 하고 있으면 거룩하게 보인다. 이처럼 사람들에게 거룩하게 보이는 것은 전혀 어려운 일이 아니다. 그러나 그 속에는 아무것도 없다. 아무것도 없을 뿐 아니라 사실은 큰 위험이 그 순간으로부터 발생한다.

겉으로만 멋지게 보이는 초월적인 순간을 주의하라. 이러한 외식을 향해 익살스러운 비판을 던지는 것은 건전한 것이다. 어떤 사람이 초월적인 순간에 이르렀더니 많은 사람들이 그의 모습이 너무나 멋있다는 말을 하였다. 이러한 말을 들은 그 사람은 이후로 평생 초월적인 순간 가운데서 살아보려고 애썼다. 바로 이 점이 삶 속에서의 위험이다. 우리는 실체가 역사할 수 있는 평범하고 일상적인 차원으로 내려가야 한다. 그리고 그곳에서 주께서 권고하신 대로 '깨어 기도해야' 하는 것이다. 이것이 거룩하고 단순한 기도를 드리는 비결이다. 기도는 우리에게 쓰러지지 않고 계속 걷게 하는 힘을 부여하며, 우리의 삶이 우리의 것이 아니라 주님의 것임을 계속 기억나게 한다.

오 주님, 주님을 바르게 찬양하고 예배할 수 있기를 원하여 주의 은혜를 구합니다. 주의 은혜를 얻기 위하여 주님께 나아갑니다.

주님, 당신의 얼굴의 빛을 제 위에 비추사 능력을 주시며 장엄한 은혜를 부어주소서.

오 주님, 주님을 아는 것이 제게는 얼마나 좋은지요. 당신께 가까이 나아갈 때마다 주께서 제게 얼마나 많이 소생케 하는 생명력을 주시는지요. 당신이 저의 생명이 되실 때 어떻게 제가 흔들리겠습니까!

주님, 나의 하나님. 우리 주 예수 그리스도의 아버지 하나님! 예수님은 주님의 형상이시며 저는 주를 바라며 기도를 드립니다. 이 시간에 주님의 임재를 느끼오니 저를 축복하소서. 주님께서 제게 가까이 오셔서 제 마음을 뜨겁게 하소서. 저는 주님만 의지하며 주님께만 소망을 둡니다.

예수님의 이름으로 기도드립니다. 아멘.

3장
하나님의 전신갑주를 입고 대적하는 기도

"우리의 씨름은 혈과 육을 상대하는 것이 아니요 통치자들과 권세들과 이 어둠의 세상 주관자들과 하늘에 있는 악의 영들을 상대함이라 그러므로 하나님의 전신갑주를 취하라 이는 악한 날에 너희가 능히 대적하고 모든 일을 행한 후에 서기 위함이라 그런즉 서서 진리로 너희 허리띠를 띠고 의의 호심경을 붙이고 평안의 복음이 준비한 것으로 신을 신고 모든 것 위에 믿음의 방패를 가지고 이로써 능히 악한 자의 모든 불화살을 소멸하고 구원의 투구와 성령의 검 곧 하나님의 말씀을 가지라 모든 기도와 간구를 하되 항상 성령 안에서 기도하고 이를 위하여 깨어 구하기를 항상 힘쓰며 여러 성도를 위하여 구하라 또 나를 위하여 구할 것은 내게 말씀을 주사 나로 입을 열어 복음의 비밀을 담대히 알리게 하옵소서 할 것이니"엡 6:12-19.

바울은 전쟁을 예로 들어 성도의 삶에 적용하고 있다. 하나님의 전신갑주를 취해야 하는 이유는 기도를 하기 위함이다. 기도는 사탄이 가장 많은 공격을 하는 부분이다. 그 공격이란 기도를 엉뚱한 자리에 가져다 놓든지 아니면 진실하게 기도하지 못하도록 만드는 것이다. 하나님께서 기도를 위해 친히 대가를 지불하셨기 때문에 우리는 쉽게 기도할 수 있다. 그 대가는 다름 아닌 하나님의 구속이다. 우리 주님은 주님의 고통으로서 우리의 구원을 쉽게 하셨고 기도도 단순하게 하셨다. 기도와 관련해서 우리 자신이 어떤 대가를 치러야 하는지를 강조하는 것은 잘못된 것이다. 우리가 지불하는 대가는 아무런 의미가 없다. 하나님께서 우리가 기도할 수 있도록 지불하신 대가 때문에 기도는 초자연적으로 쉬운 일이 되었으며 가장 귀하고 아름다운 우리의 특권이 되었다.

최근에 기도 자체를 예배하려는 경향이 있다. 철야기도를 강조하며 의도적으로 기도를 어렵게 만들고 또한 많은 고생을 하게 한다. 그러나 노력하고 분투해야 하는 부분은 기도가 아니라 바로 우리 자신의 게으름과의 싸움이다. 만일 기도를 하나의 인간적 노력과 고통으로 만들어 버린다면, 이는 기도의 본질을 근본적으로 오해한 것이다. 기도의 본질은 우리가 치러야 하는 대가가 아니라 하나님께서 우리가 기도할 수 있도록 친히 치르신 대가이다.

그리스도인들이 계속적으로 실행에 옮겨야 하는 것

그리스도인들이 비전을 갖는 것은 바람직한 일이다. 그러나 그 비전을 향하여 계속 훈련을 쌓는 것이 필요하다. 그래야 어려움이 닥쳐도 극복할 수 있기 때문이다. 전쟁 중에 가장 귀한 사람은 다른 사람들이 다 소망을 잃어도 끝까지 낙망하지 않고 용기를 갖는 사람이다. 그런데 이러한 사람이 되려면 평소에 꾸준하게 훈련을 쌓아야 한다.

> "마귀의 간계를 능히 대적하기 위하여 하나님의 전신갑주를 입으라." 엡 6:11.

전신갑주를 입는 이유는 싸우기보다 '대적하기 위함'이다. 우리는 어두움을 향해 공격하는 대신 어두움과 맞서 대적해야 한다. 정복자가 되기보다 당황하거나 흔들리지 말고 대적해야 한다. 정복자는 싸워서 이기는 자이다. 그러나 '넉넉히 이기는 자'는 더 강한 힘으로 쉽게 원수를 이기는 자들이다.

> "우리의 씨름은 혈과 육을 상대하는 것이 아니요 통치자들과 권세

들과 이 어둠의 세상 주관자들과 하늘에 있는 악의 영들을 상대함이다."엡 6:12.

우리는 이 씨름을 세상 지식이나 조직력으로 치를 수 없다. 용기나 예견이나 작전으로 되는 것도 아니다. 예수 그리스도의 구속에 의지하여 싸우지 않는다면, 우리는 결코 이 전쟁을 이길 수 없다.

"그러므로 하나님의 전신갑주를 취하라"엡 6:13.

하나님의 전신갑주는 저절로 주어지는 것이 아니다. 우리가 무엇을 해야 하는지 깨달으면서 취하여야 한다. 우리는 기도란 어떤 특별한 때를 위한 것으로 알고 있는데 사실은 그렇지 않다. 언제나 끊임없이 기도하기 위해 하나님의 전신갑주를 입어야 한다. 그래야 어두움의 세력이 기도의 위상을 흔들지 못한다. 기도가 쉽게 잘되는 때는 사탄의 공격이 완전히 실패하였을 때이다. 반면 기도하기가 어렵다면 이는 사탄이 승리를 얻은 것이다. 우리는 계속 쉬지 않고 기도해야 한다. 모든 상황을, 용기를 가지고 힘차게 대처해야 한다. 우리 주님께서 주신 말씀 그대로 순종해야 한다. 주님께서는 "가라" 혹은 "행하라"고 말씀하지 않으시고 "깨어 기도하라"고 말씀하신다.

만일 기도가 막힌다면 이는 사탄이 우리 마음속에 침투해 들어오고 있다는 뜻이다. 만일 기도가 진실하고 단순하면 이는 우리가 승리를 얻었기 때문이다. 우리의 심장은 휴가로 쉬는 날이 없다. 만일 심장이 휴가를 가진다면 우리는 무덤으로 들어가야 할 것이다. 마찬가지로 도덕적 또는 영적 휴가라는 것은 없다. 만일 영적 휴가를 보내면 그 후 기도하려고 할 때 힘들어진다. 그 이유는 원수가 우리 마음속에서 자리를 잡았고 어두움이 임했으며 영적 권세 잡은 자가 우리를 사로잡았기 때문이다. 이러한 자리에 가지 않기 위해 우리는 항상 '깨어 기도함'으로 넉넉히 원수를 이겨야 한다.

"모든 일을 행한 후에 서기 위함이라" 엡 6:13.

이것이 의미하는 것은 의심이나 공포 없이 확신 가운데 서 있는 상태를 말한다. 당신을 공포에 빠뜨리는 것이 무엇인가? 사탄은 협박을 사용하는 깡패와 같은 존재지만 그는 하나님 앞에서는 단 일초도 서 있지 못한다. 우리가 하나님의 전신갑주을 입고 서 있으면 사탄은 우리를 피해간다. 그러나 우리가 우리 힘으로 사탄과 싸우려고 하면 이는 이미 패배한 것과 같다. 만일 우리가 하나님의 힘과 용기를 가지고 하나님의 전신갑주를 입고 서 있다면, 사탄은 우리 마음속에 한 평의 땅도 얻을 수 없다. 이것이 바로 기도의 자리를 지켜 사탄의 간계함을 대적하는 것이다.

자연적인 세상에서 확신을 갖는 비결은 자신을 의지하는 것이지만, 영적인 세상에서 확신을 가지려면 하나님을 의지해야 한다. 기도를 게을리하고 개인적인 영적 훈련을 쌓지 않을 때 사탄은 새로운 총공격을 한다. 그러면 우리는 즉시 용기를 잃게 된다. 대적하는 대신에 도망가기 바쁘고, 할 수 없이 다른 사람이 그 빈 자리를 메울 수밖에 없게 된다. 결국 우리는 부끄러움 가운데 제자리로 돌아온다.

우리는 우리의 힘으로 사탄의 궤계와 침략을 대적할 수 없다. 사탄은 오직 하나님만 감지하실 수 있는 차원에서 공격해올 뿐, 사람이 이해할 수 있는 차원에서 공격하지 않는다. 따라서 우리가 사탄의 공격을 대비할 수 있는 유일한 비결은, 하나님께서 우리에게 시키신 대로 하는 것이다. 곧 하나님의 전신갑주를 입고, 성령의 충만을 받으며, 오직 주님께 철저한 순종 가운데 대적하여 서는 것이다.

원수가 최종 공격을 할 때까지 준비를 미루어서는 안 된다. 사탄은 항상 어느 곳에나 있고 언제나 교활하기 때문에 지금 이 순간에도 우리는 사탄을 대적하여 서 있어야 한다. 기도를 위한 거룩한 투쟁의 비결은 하나님께서 우리에게 명하신 대로 훈련하면서 하나님의 전신갑주를 입고 서는 것이다. 그러면 사탄의 모든 공격을 능히 대적할 수 있는 기도의 위상을 취하게 된다.

만일 기도하는 것이 힘들다면 원수의 고차원적인 전략이 먹혀들고 있는 것이다. 이때 우리는 영적 훈련 중 어느 부분에 문제가 있는지를 살펴보아야 한다. 우리가 힘을 다해 영적으로 연습하지 못하는 부분이 있을 것이다. 과거에는 아침마다 기도를 드렸다. 지금은 어떠한가? 과거에는 성경을 읽으며 하나님과 대화를 나누었다. 지금은 어떠한가? 과거에는 어디에 가든지 주님과 동행하였다. 지금도 그러한가? 하나님의 전신갑주를 입고 쉬지 말고 훈련하라. 그러면 사탄의 계략이 당신이 모르는 사이에 침투할 일은 결코 없을 것이다.

그리스도인의 용감한 준비

"그런즉 서서 진리로 너희 허리띠를 띠고" 엡 6:14.

모든 적극적이고 지혜로운 일들이 '허리띠를 띤 것'으로 상징되고 있다.

"의의 호심경을 붙이고" 엡 6:14.

이 말은 전신갑주를 무너뜨리는 모든 지나친 두려움, 문제되는 애착, 사람의 마음을 사려는 의도들을 버린다는 뜻이다. 의는 다른 사람들과 바른 관계를 갖는 것이며, 그들의 유익을 구한다는 뜻이다.

"평안의 복음이 준비한 것으로 신을 신고" 엡 6:15.

당신은 어떤 종류의 신발을 신고 있는가? 얼마나 많은 사람들이 당신에 대해 "당신의 발자국 소리를 들으면 반가움을 느낍니다"라고 말하는가? 혹시 "당신의 발걸음이 내 삶 가운데 들어온 후 모든 것이 잘못되었습니다. 당신과 친구가 되어 동행한 후부터 나는 하나님과의 관계를 잃었습니다"라고 말하는 것은 아닌가? 하나님의 전신갑주를 입고 하나님과 마음을 통하도록 하라. 그러면 당신이 어디로 가든지 당신의 발걸음은 평안의 복음을 예비하게 될 것이다. 즉, 성도가 어디로 가든지 그들로 인하여 하나님의 축복과 평강이 임하게 되는 것이다. 그러나 이러한 발걸음이 되지 못할 때 성령의 가책이 임하게 된다.

"모든 것 위에 믿음의 방패를 가지고" 엡 6:16.

믿음은 하나님의 능력이 아니라 하나님의 성품에 대한 완벽한 신뢰이다. 우리가 하나님의 능력만 확신할 때 우리는 믿음을 놓칠 가능성이 있다. 이 시대는 하나님의 능력이 아닌 것들이 하나님의 능력인 것처럼 역사하고 있다. 이러할 경우 우리는 능력만 보고 속을 수 있고 잘못된 믿음을 가질 수 있다. 주께서 어떻게 행하시든지 우리는 하나님께 확신을 가지고 있어야 한다. 그분의 성품은 절대로 변할 수 없다는 사실을 확신해야 우리의 믿음은 끝까지 서게 된다. 욥이 "그가 나를 죽이실지라도 나는 여전히 주를 신뢰할 것입니다" 욥 13:15라고 고백한 것처럼 말이다.

우리가 모든 것 위에 믿음의 방패를 가질 때 사탄의 그 어떤 것도 방패를 뚫고 우리 마음속에 침투해 들어올 수 없다. 우리는 우리를 감싸는 방패에 의해 보호를 받는다.

"성령의 검 곧 하나님의 말씀을 가지라" 엡 6:17.

성령은 주 예수님께서 하셨던 말씀을 기억나게 하신다. 우리를 둘러싼 원수들이 매번 공격할 때마다 성령의 검으로 인해 그 공격이 좌절된다. 성령의 검 곧 하나님의 말씀을 사용할 수 있으려면 우리는 순종해야 하고 이를 위해서는 용기가 필요하다. 만일 주님의 말씀을 우리 영혼에 부여하신 주님의 속성과 분리하여 적용한다면, 우리는 혼란에 빠지게 될 것이다. 예를 들어, 산상수훈은 우리가 애쓰며 지켜야 할 계명들을 나열한 것이 아니다. 오히려 성령께서 하나님의 말씀을 어떤 상황에서 우리 마음속에 기억나게 하시면 우리는 성령을 따라 순종하면 된다. 순종하면서 우리는 용기를 얻게 되며 사탄의 모든 간교한 계략을 대적하게 된다.

그리스도인의 능력 있는 기도

"모든 기도와 간구를 하되 항상 성령 안에서 기도하고…" 엡 6:18.

하나님께서는 당신이 능력 있는 기도를 할 수 있도록 영적 용사로 세우시고 전신갑주를 입히시며 성령으로 내주하신다. 기도하겠는가? 아니면 사탄에게 속겠는가? 사탕발림의 유혹에 넘어간 적이 있는가? 과거와는 달리 이제 확신이 사라졌는가? 옳고 그름의 선이 불투명해졌는가? 과거처럼 죄에 대해 예민하게 반응하지 못하고 있는가? 그렇다면 우리는 정상적인 자리에서 벗어나 반역자의 선상에 서 있는 것이다. 우리가 지켜야 할 자리를 사탄에게 내어줄 때, 자신도 모르는 사이에 사탄에게 정복당할 수 있다.

가장 깊은 고통 가운데서 주께서 "깨어 기도하라"고 말씀하셨다. 만일 깨어 기도하지 않는다면 자신도 모르는 사이에 잘못된 길로 속아 넘어가게 될 것이다. 바르게 서는 유일한 방법은 '깨어 기도하는' 것이다. 기도의 기본은 사람의 간절함도 아니고 사람의 필요도 아니며 사람의 뜻을 이루려는 것도 아니다. 기도의 바탕은 구속이며 기도의 중심에는 살아계신 인격적인 성령이 계신다. 구속과 성령 외에 다른 것에 바탕을 둔 기도는 어리석은 기도이다. 하나님께서는 구속을 완성하시기 위한 주님의 고통을 통하여 우리가 기도를 쉽게 할 수 있도록 하셨다. 따라서 어린아이도 기도할 수 있다. 이성적인 생각만 하는 사람들에게 기도라는 것은 가장 우스꽝스러운 행위일 것이다. 그러나 그리스도인들에게 기도는 반드시 필요한 믿음의 행위이다.

"쉬지 말고 기도하십시오."

아주 간단하다. 단순하게 기도하라. 그러면 우리 마음의 모든 초조함이나 난처함, 좌절감, 염려 등이 사라질 것이다.

> "이를 위하여 깨어 구하기를 항상 힘쓰며 여러 성도를 위하여 구하라" 엡 6:18.

기도 모임을 갖는 것은 아주 바람직한 것이다. 그러나 개인적으로도 기도하는가? 당신은 계속적으로 하나님의 전신갑주를 입고 기도하는가? 성령의 충만함으로 마음을 담대하게 지키고 있는가? 주님께 명령을 받아 순종할 준비가 되어 있는가? 아니면 공교한 타협을 하고 있는가? 원수의 덫에 걸리지 않는 비결은 오직 기도 밖에 없다. 설교는 부패한 사람의 마음에 유혹을 줄 수 있다. 공적인 모임에도 언제나 사탄의 덫이 있다. 그러나 바르고 정직하며 진실한 기도에는 덫이 없다. 그 이유는 참된 기도는 성령께서 언제나 효력 있게 역사하시는 주 예수 그리스도의 구속을 근거로 하기 때문이다.

> "또 나를 위하여 구할 것은 내게 말씀을 주사 나로 입을 열어 복음의 비밀을 담대히 알리게 하옵소서 할 것이니" 엡 6:19.

우리는 영적으로 잘 서 있는 바울과 같은 사람들을 위해서는 굳이 기도할 필요가 없다고 생각한다. 하나님께서 친히 그들을 돌보실 것이라고 생각하기 때문이다. 그러나 하나님의 복음을 위해 앞장서는 자들이야말로 사탄의 주된 공격 대상들이라는 사실을 기억해야 한다. 따라서 우리는 언제나 공적으로 복음을 위해 수고하는 일꾼들을 위해 기도해야 한다. 우리가 기도하지 않을 때 어떤 일들이 발생하는지, 하나님께서는 종종 경종을 울리는 사건들을 허락하신다.

전능하신 주 하나님, 주께서 참새도 돌보시고 저의 머리카락까지 세신다는 것을 알 때 제 영혼이 얼마나 기쁜지요! 주님, 제가 오직 주님만 예배하는 마음과 몸이 될 때까지 제 안에 성령을 불어넣어 주소서.

오 주님, 지금 저는 당신의 얼굴을 구합니다. 그러나 주께서 주를 보여주지 않으시면 제 간구가 무슨 의미가 있습니까? 당신의 얼굴을 보여주소서. 당신의 임재를 체험케 하소서. 오 주님, 저로 하여금 언제나 주의 얼굴을 뵙게 하소서.

오 주님, 주님을 온전히 찬양함이 제 마음의 모든 소원입니다. 저는 오직 주의 은혜와 주의 영으로만 살아갈 수 있습니다. 저를 창조하신 주님, 주의 은혜로 저를 채워주소서. 오 주님, 이 아침에 주를 찬양하오니 주께서 제게 행하신 모든 것으로 인해 찬양합니다. 저는 완고하게 제 길로 갔지만, 그럼에도 주께서는 저를 향하여 놀라운 은혜를 베푸셨고 오래 참으셨으며 모든 것을 용서하셨고 선대하셨으며 제게 힘을 주셨습니다.

예수님의 이름으로 기도드립니다. 아멘.

4장
기대감으로 깨어 기다리는 기도

※

"내가 내 파수하는 곳에 서며 성루에 서리라 그가 내게 무엇이라 말씀하실는지 기다리고 바라보며 나의 질문에 대하여 어떻게 대답하실는지 보리라 하였더니 여호와께서 내게 대답하여 이르시되 너는 이 묵시를 기록하여 판에 명백히 새기되 달려가면서도 읽을 수 있게 하라"합 2:1-2.

성령 안에서 기다림

"내가 내 파수하는 곳에 서며 성루에 서리라"합 2:1.

성경 전반에 걸쳐 하나님께서는 변함없이 우리에게 파수하는 곳에 서서 주님의 지시를 기다리라고 말씀하신다. 우리가 깨어 기다리지 않아서 얼마나 자주 하나님의 응답을 망쳐놓는지 모른다. 당신은 하나님의 일하시는 방법에 대해 난감해 한 적이 있는가? 성경을 통해 하나님께서 보여주시는 분명한 방법과 주께서 당신을 인도하시는 방법을 조화시킬 수 있는가? 그렇지 못하다면 선지자들이 난처함 가운데 어떻게 처신하였는지를 배우라. 그들은 깨어 서서 하나님의 말씀을 기다렸다. 당신도 올바른 곳에 서서 깨어 지켜보라.

구약과 신약에 나타난 기도에는 차이점이 있다. 하박국 3장에서 선지자 하박국은 하나님의 성품 곧 하나님의 위대한 자비에 의지하여 기도한다. 신약에서의 기도는 예수 그리스도를 통한 하나님과의 관계를 기초로 한다.

"예수께서 이르시되 너희는 기도할 때에 이렇게 하라 아버지여" 눅 11:2.

또 다른 차이점은 구약의 기도는 이 땅의 배경 속에서 이 땅의 사람들과 관련되어 있다. 그러나 신약의 기도는 비록 이 땅에서 기도하지만 하늘 백성의 마음 상태와 함께한다. 즉, 기도를 통해 우리는 "우리의 씨름은 혈과 육을 상대하는 것이 아니요 통치자들과 권세들과 이 어둠의 세상 주관자들과 하늘에 있는 악의 영들을 상대함이라"는 사실을 계속 기억하는 것이다.

우리는 올바른 자리, 즉 하나님께서 우리를 두신 자리에서 깨어 기도해야 한다는 점을 명심해야 한다. 당신의 기도에 대한 하나님의 응답을 위해 깨어 있으라. 깨어 있을 뿐만 아니라 기다리라. 하나님께서 당신에게 기도하라고 하시거나 비전을 주실 때, 주님께서 교회와 가정 또는 성경 공부 시간에 우리를 통해 무엇을 하실 것인가를 알려주실 때 깨어 있으라. 우리 중 많은 사람들이 기도하기보다 혈과 육과 상의함으로써 큰 실수를 한다. 하나님의 꾸지람을 듣든지 징계를 당해야만 기도를 배우는 사람들도 대단히 많다.

지금 있는 곳에서 용기를 잃었는가? 그렇다면 파수하는 곳에 올라가 깨어 기다리라. 성경에서 '기다린다'는 뜻은 아무것도 하지 않으면서 팔짱을 끼고 앉아 있는 것이 아니라 오히려 적극적으로 견디며 '꿋꿋이 서는 것'이다. 기다린다는 것은 '하나님의 때에 다 알아서 되겠지'라고 생각하는 것이 아니다. 만일 이렇게 생각한다면 이는 '내가 게으르게 있어도 주께서 다 알아서 하실 거야'라고 생각하는 것과 같다. 기다림이란 꿋꿋하게 서서 적극적으로 기도가 응답될 때까지 참는 것을 의미한다.

하나님께서 당신의 기도를 어떻게 응답하실 것인지를 절대로 예측하는 일이 없도록 하라. 하나님께서 아브라함에게 귀한 약속을 하셨을 때, 아브라함은 하나님께서 그 약속을 이루시도록 돕기 위해 최선의 방법을 생각해냈다. 그리고 자기 나름대로 혈과 육의 상식에 따라 가장 현명한 조치를 취하였다. 그러나 하나님께서는 아브라함이 자신의 지혜를 의지하는 것을 포기할 때까지 13년 동안 아브라함과 대화하지 않으셨다. 그 후 하나님께서 아브라함을 찾아와 말씀하셨다.

"나는 전능한 하나님이라 너는 내 앞에서 행하여 완전하라" 창 17:1.

하나님께서는 계속해서 우리에게 어떻게 서서 견딜 수 있는지를 가르치시며 우리가 적극적으로 깨어서 미래를 소망하게 하신다. 하나님께서 기도에 응답하실 때마다 우리는 언제나 놀라게 된다. 어떤 사람들은 "하나님께서 우리의 기도를 응답하실 때 놀라서는 안 됩니다"라고 말하기도 한다. 그러나 하나님의 응답은 언제나 놀랍다. 너무나 놀라 대부분의 사람들이 믿지 못한다.

"너희가 내 이름으로 무엇을 구하든지 내가 행하리니" 요 14:13.

이 말씀이 놀랍지 않은가? 이 말씀은 너무나 놀라운 말씀이라서 우리 중 반 이상은 믿으려 하지 않을 것이다.

"구하는 이마다 받을 것이요" 마 7:8.

이 말씀도 놀랍지 않은가? 너무나 놀라운 말씀이라서 오히려 우리 대부분은 하나님께 성령을 달라고 간구하지 않는다. 그 이유는 너무나 놀라워 믿을 수 없기 때문이다.

"진실로 다시 너희에게 이르노니 너희 중의 두 사람이 땅에서 합심하여 무엇이든지 구하면 하늘에 계신 내 아버지께서 그들을 위하여 이루게 하시리라" 마 18:19.

"의인의 간구는 역사하는 힘이 큼이니라" 약 5:16.

이 말씀들도 놀랍지 않은가? 너무나 놀라운 말씀들이다.

만일 당신이 하나님께서 우리의 기도에 얼마나 놀랍게 응답하시는가를 주목한다면, 오늘도 주께서 주의 방법으로 우리의 기도를 응답하실 것을 믿고 기다리지 않겠는가? 당신은 성루에 서서 하나님의 모든 역사하심을 꾸준하게 지켜 기다리고 있는가? 아니면 메로스 거민처럼 독한 마음을 가지고 하나님께 대항하고 있는가? 주님의 영이 여선지자 드보라에게 임하였을 때 그녀는 이렇게 외쳤다.

"여호와의 사자의 말씀에 메로스를 저주하라 너희가 거듭거듭 그 주민들을 저주할 것은 그들이 와서 여호와를 돕지 아니하며 여호와를 도와 용사를 치지 아니함이니라 하시도다" 삿 5:23.

하박국 1장은 이스라엘에 임할 무서운 황폐함에 대하여 언급한다 합 1:1-11. 오늘날 이 시대에 이 말씀을 영적으로 적용해보라. 지금 이 시대의 성도들 대부분이 현재 진행되고 있는 황폐함에 대해 잠들어 있다. 만일 우리가 지금 이 시대에 깨어 있지 못하고 하나님과 함께 서서 어둠의 세력들을 대항하지 않으면 우리도 메로스의 그 지독한 저주 아래 있게 될 것이다.

심령술, 미신, 크리스천 싸이언스, 시한부 종말론 등이 너무나 무서울 정도로 확산되어 전 지역을 휩쓸고 있다. 이러한 상황에서 당신은 정신 똑바로 차리고 깨어 기도하는가? 아니면 젖먹이같이 아직도 보채고만 있는가? 어두운 세력이 활개를 치는 이러한 때에도 여전히 많은 신자들은 "우리 귀에 즐거운 말만 해주세요. 우리의 수준에 맞게 기분 좋고 신나는 말들을 해주세요. 선지자적인 난처하고 어려운 이야기들을 삼가해 주세요"라고 말한다. 하나님께서는 주님의 모든 자녀들이 성루에 올라서서 깨어 기도하며 기다리기를 바라신다.

어려움이 닥치고 구름이 덮일 때 더 강건히 깨어 기도하는 모습은 어디로 갔는가? 어려움이 닥치면 우리는 마음이 상해서 다른 길로 빠진다. 하나님께 등을 돌리고 불평하며 주님께서 보내신 자들을 푸대접한다.

"네가 우리를 젖과 꿀이 흐르는 땅으로 인도하여 들이지도 아니하고 밭도 포도원도 우리에게 기업으로 주지 아니하니"민 16:14.

사실 하나님께서 우리 시대에 혼란을 허락하신 이유는 우리를 성루에 다시 서게 하기 위함이다. 다시 성령으로 충만한 가운데 기다리면서 우리의 기도에 응답하시는 하나님의 놀라우신 역사를, 눈을 크게 뜨고 보게 하시려는 것이다. 그러므로 만일 현재의 혼란이 우리로 하여금 하나님과 함께 성루에 서서 깨어 기도하게 한다면, 우리는 이 혼란스러운 상황에서도 하나님께 감사할 수 있다.

현명한 증거

"그가 내게 무엇이라 말씀하실는지 기다리고 바라보며"합 2:1.

세월이 지나면서 우리는 점점 기대하는 마음을 잃게 된다. 그러나 성령께서는 우리에게 기대하는 마음을 주신다. 어린아이들은 기대로 가득 차 있는 반면 어른들은 나이가 들수록 기대를 하지 않는다. 기대하는 마음은 오랜 지식보다 진리에 더 가깝다. 예수 그리스도를 통하여 하나님과 바른 관계를 맺게 되면 우리는 기대를 하면서 깨어 기다리게 된다.

"하나님께서 이 기도를 어떻게 응답하실지 궁금합니다."

"성령께서 내 안에서 간구하신 그 기도를 하나님께서 어떻게 응답하실지 기대됩니다."

"내가 처한 이러한 이해할 수 없는 난감한 상황에서 하나님께서 어떤 영광을 나타내실지 기다려집니다."

"나의 인생 속에서 주님을 드러내시기 위하여 주께서 어떻게 새로운 방향으로 이끄실지 기대됩니다."

성령께서 주신 어린아이와 같은 기대감은 주 예수 그리스도 안에서도 잘 나타났다. 예수님께서는 하늘 아버지께서 어떻게 일하실지에 대해 기대하며 기다리셨다.

"내가 너희에게 이르는 말은 스스로 하는 것이 아니라 아버지께서 내 안에 계셔서 그의 일을 하시는 것이라" 요 14:10.

우리 주님께서는, 성령께서 오시면 "그가 스스로 말하지 않고 오직 들은 것을 말하실 것"이라고 말씀하셨다 요 16:13. 예수님께서는 하나님의 위대하고 큰 어린아이와 같은 마음으로 말씀하고 사역하셨다. 즉, 전능하신 하나님께서 갓난아이로 성육신하셨던 것이다. 예수님께서는 우리에게 "어린아이처럼 되라"고 말씀하셨다. 하나님께서는 주의 자녀들이 언제나 기대로 가득 찬 마음으로 두 눈을 크게 뜨고 주님께서 원하시는 곳으로 언제든지 오실 주님을 기다리기를 원하신다.

우리는 개념과 확신과 견해라는 이름하에 주님이 주신 이러한 기대에 찬 마음에 얼마나 찬물을 끼얹었는지 모른다. 성경이 기준이 아니라 우리의 교훈과 신조가 앞선 채 성경을 이용하는 것은 아닌가. 교훈과 신조는 철저하게 하나님의 것이어야 하고, 우리 안에 내주하시는 성령에 의해 우리의 삶 가운데서 깨어 있고, 기다리며, 기대하고, 증거하게 할 수 있어야 한다.

구약의 모든 선지자들을 고려해보라. 하나님께서 그들에게 말씀을 주실 때는 언제나 그 말씀과 관련하여 놀라운 일들을 행하셨다. 이에 선지자들은 계속적으로 하나님께서 행하신 신기한 일들에 놀랄 수밖에 없었다. 그러나 그들이 하나님의 놀라운 능력을 온전히 의지하지 않고 자신들의 지식에 의존하는 순간 그들은 즉시 혼돈에 빠졌다. 우리는 반드시 "성령을 받고, 인정하고, 신뢰하여야" 하며 그 상태를 넘어서면 안 된다. 하나님께서는 주의 자녀들에게 성령을 통해 어린아이와 같이 기대하는 마음을 허락하신다. 주께서는 우리의 마음을 신선하고 생동감이 넘치도록 하시지, 졸도록 하지 않으신다. '하나님께서 이번에는 무엇을 하실까' 하는 기대감으로 두 눈을 크게 뜨고 언제나 깨어 있게 하신다.

"여호와께서 다스리시나니 땅은 즐거워하며 허다한 섬은 기뻐할지어다" 시 97:1.

하나님께서는 우리의 삶을 인도하셔서 오직 하나님의 역사만 꾸준하게 바라며 기다릴 수밖에 없는 곳에 두신다. 하나님을 바라며 기다리는 대신에 다른 사람들의 말이나 책의 내용을 먼저 취하는 일이 없도록 하라.

"영을 다 믿지 말고 오직 영들이 하나님께 속하였나 분별하라" 요일 4:1.

그들의 음성이 하나님으로부터 온 것인지 점검하라. 우리는 하나님께서 우리를 인도하신 방법대로 다른 사람의 삶도 똑같이 인도하실 것이라고 착각하는 경우가 많다. 다른 사람을 향한 하나님의 계획을 내 신앙 경험으로 해석하는 실수를 범하는 것이다. 절대로 이러한 실수를 하지 말라. 눈을 크게 뜨고 하나님께서 어떤 일을 하실지 기대하라.

하나님께서는 당신의 삶 가운데서 그분 마음대로 뭐든지 하실 수 있다. 당신을 세우기도 하시고 곤란하게도 하실 수 있다. 당신에게 모든 이유를 다 설명하지 않은 채 당신을 통하여 이루실 주님의 비밀스러운 계획들을 구상하실 수 있다. 욥에게 하신 것처럼 당신에게 아무 설명도 없이 당신을 세상의 구경거리가 되게 하실 수도 있다. 주께서는 당신에게 어린아이와 같이 순수한 믿음을 주셔서 모든 일이 합력하여 선을 이룰 것을 바라게 하시며 당신에게 놀라운 일을 행하심으로 당신을 통하여 모든 사람들이 깜짝 놀라게도 하신다.

아무도 침해할 수 없는 걸음

"여호와께서 내게 대답하여 이르시되 너는 이 묵시를 기록하여 판에 명백히 새기되 달려가면서도 읽을 수 있게 하라" 합 2:2.

당신은 주님과 동행하는 자들의 '설레는 마음'을 알아챈 적이 있는가? 그들은 절대로 초조해 하거나 무리한 염려를 하지 않아서인지 점점 더 젊어지는 것 같다. 어린아이의 심령을 소유하지 못한 이 세상 사람들은 언제나 한숨을 쉰다. 그들은 정신적이고 영적인 관절염과 신경통으로 고통을 당하며 도덕적으로 일그러지고 타락하였다. 그 어떤 것도 그들의 마음을 각성시킬 수 없다. 왜 그러한가? 그들에게는 어린아이의 심령 곧 예수님의 부활 이후 오순절에 보내신 성령이 필요하기 때문이다. 성령이 임하는 것 외에는 그 어떤 것도 그들의 마음을 바꿀 수 없다.

오순절이 지난 후 그리스도인들에게 무서운 박해가 따랐다. 제자들은 모두 뿔뿔이 흩어지게 되었다. 그러나 그 무엇도 그들이 복음을 증거하는 것을 막을 수 없었다. 그들이 가는 곳마다 엄청난 능력의 성령과 불 세례가 임하면서 그들의 삶은 들뜬 환호성으로 가득 찼다. 그 후 이러한 현상은 역사 속에서 계속 진행되어왔다. 땅과 하늘과 땅 아래의 그 어떤 세력도 그리스도인들 안에 있는 성령의 어린아이 같은 심령이 지닌 그 엄청난 힘을 막을 수 없었다. 당신의 심령에도 이러한 흥분이 있는가? 아니면 간신히 견디며 한숨만 쉬고 있는가? 하나님의 이름을 송축하자. 그리스도의 측량할 수 없는 모든 부요함은 당신에게 달려 있다!

놀라운 비전 가운데 성령의 능력으로 살아가는 모든 그리스도인의 삶에 대해 하나님께 감사드리자! 당신의 눈을 언제나 영원한 지도자이신 예수님께 두라. 예수님은 우리의 발을 위해 변함없이 곧은 길을 만드신다히 12:13. 주님의 역사를 바라보라. 주께서 일어서시는지 아니면 구름 사이로 숨으시는지 서서, 깨어, 기다리라. 그리고 주의 뜻이 자명해지면 힘껏 달리라. 비전은 당신의 마음속에 열정을 불어넣을 것이며 하나님의 말씀을 깨닫는 희열을 줄 것이다. 그러면 당신은 감당할 수 없는 환희를 체험하게 된다. 그 후 일상적인 삶으로 돌아오게 되더라도 당신은 피곤함 없이 달릴 수 있으며 당신의 매일의 삶은 최상의 날들이 될 것이다. 이제 당신의 인생은 전혀 낙망 없는 삶이 된다.

"이 묵시(비전)는 정한 때가 있나니 그 종말이 속히 이르겠고 결코 거짓되지 아니하리라 비록 더딜지라도 기다리라 지체되지 않고 반드시 응하리라"합 2:3.

"내가 또 주의 목소리를 들으니 주께서 이르시되 내가 누구를 보내며 누가 우리를 위하여 갈꼬"사 6:8.

"누가 우리를 위하여 갈꼬"라는 구절에는 아주 놀라운 내용이 있다. 어떤 사람은 이 음성을 듣고 이렇게 대답한다.

"주님, 어떤 자매가 있습니다. 그 자매는 잘 준비되어 있으니 그녀를 보내시기 바랍니다."

혹시 당신이 이렇게 대답하는 사람은 아닌가?

"오 주님, 우리 교회에 큰 부흥이 일어나고 있습니다. 그 형제가 바로 부흥의 주역입니다. 그를 보내시면 좋을 것 같습니다."

그러나 당신이 깨어 있었고 기다려왔고 주님만 기대해 왔다면 당신은 "제가 여기 있나이다. 저를 보내소서"라고 대답할 것이다. 만일 하나님께서 오늘 밤에 당신을 찾아오신다면 당신은 "제가 여기 있나이다"라고 대답하겠는가? 당신은 지금 당신이 어디에 서 있는지 아는가? 많은 사람들이 안개 속에서 살아간다. 그들은 자신들이 어디에 서 있는지 알지 못한다. 그러나 만일 당신이 하나님을 섬기는 것이 무엇이며 하나님 앞에서 행하는 삶이 무엇인지 안다면 당신은 "제가 여기 있나이다. 주께서 원하시는 대로 제게 행하시옵소서"라고 말할 것이다.

    오 주님, 당신의 역사하시는 영이 제 영의 가장 깊은 곳에 임하셨습니다. 제 입술로 표현할 수 없는 저의 가장 깊은 기도를 들으소서. 주님, 제 몸을 만지소서. 저는 주님의 전입니다. 이 전을 통해 주의 빛을 발하소서, 오 주님.

    오 주님, 오늘 우리에게 주의 얼굴의 빛을 비추소서. 우리를 주의 계획에 맞게 빚어주시고 우리의 영을 주님의 달콤한 사랑과 빛과 자유함으로 채우소서. 그리하면 제 영혼은 주를 향해 온종일 유쾌할 것입니다.

    오 나의 아버지 하나님, 제 앞의 구름은 당신의 발의 먼지일 뿐입니다. 이 모든 구름 가운데서 저로 하여금 주의 섭리와 속성과 은혜를 보게 하소서. 사람을 두려워하지 말게 하시고 오직 주만 경외하게 하소서.

    예수님의 이름으로 기도드립니다. 아멘.

5장
하나님의 침묵도 응답으로 신뢰하는 기도

"이에 그 누이들이 예수께 사람을 보내어 이르되 주여 보시옵소서 사랑하시는 자가 병들었나이다 하니 예수께서 들으시고 이르시되 이 병은 죽을 병이 아니라 하나님의 영광을 위함이요 하나님의 아들이 이로 말미암아 영광을 받게 하려 함이라 하시더라 예수께서 본래 마르다와 그 동생과 나사로를 사랑하시더니 나사로가 병들었다 함을 들으시고 그 계시던 곳에 이틀을 더 유하시고 그 후에 제자들에게 이르시되 유대로 다시 가자 하시니" 요 11:3-7.

들리는 응답이 없을 때

예수님께서는 아무런 답변 없이 이틀을 더 유하셨다. 이러한 때 "왜 하나님께서 제 기도에 응답하시지 않는지 잘 압니다. 제가 잘못된 것을 구하였기 때문이지요?"라고 말하기 쉽다. 예수님께서 마르다와 마리아에게 대답하지 않으신 것은 그들의 기도가 잘못되었기 때문이 아니었다. 물론 하나님께서 잘못된 기도에 응답하지 않으실 때도 있다. 그러나 마르다와 마리아의 요구가 잘못된 것은 아니었다. 다만 주님께서는 우리가 주의 뜻을 다 이해한 것처럼 착각하며 함부로 행하지 않기를 원하신다. 주님은 우리가 주께서 인도하시는 곳으로 가기를 원하신다. 또한 주님을 의지하는 법을 배우기를 원하신다.

하나님의 침묵도 기도 응답이다. 만일 우리가 우리의 감각으로 자명하게 알 수 있는 응답만 기도 응답으로 본다면, 우리는 은혜의 가장 초보적인 상태에 있는 것이다. 예수님은 우리를 매우 사랑하셔서 의도적으로 주님이 계신 곳에 더 오래 머무신다. 이렇게 하시는 이유는 우리가 더 위대한 영광의 계시를 받을 자격이 된다고 인정하셨기 때문이다. 하나님께서 우리의 기도에 침묵하시는 것은 우리를 신뢰하시기 때문이다. 하나님의 침묵은 이와 같은 엄청난 의미를 가지고 있다. 즉, 하나님의 기도 응답으로서 우리의 이해를 초월하는 차원에서 이루어지는 응답이다.

우리의 기도에 대해 들리는 응답이 없을 때 우리는 하나님 앞에서 신음하기 쉽다. 막달라 마리아는 무덤 앞에서 울고 있었다. 그때 그녀는 거기서 무엇을 구하고 있었는가? 예수님의 시신을 구하고 있었다. 누구에게 구하고 있었는가? 예수님을 동산지기로 착각하고 그분께 구하고 있었다! 그녀는 주님을 알아보지 못하였던 것이다. 예수님께서는 그녀가 구한 것을 주셨는가? 주님은 그녀가 구한 것과는 차원이 완전히 다른 가장 멋진 응답을 주셨다. 바로 다시 살아나시고 영원히 죽지 않으시는 주님 자신을 보여주셨다.

우리 중에 얼마나 많은 사람들이 눈 먼 기도를 드리고 있는지 모른다. 지난 과거를 돌아보라. 응답받지 못한 것으로 생각했던 기도들이 지금 돌아볼 때 오히려 당신이 꿈꾸던 것보다 훨씬 크고 높은 차원에서 응답되어 있는 것을 발견하게 될 것이다. 하나님이 당신을 신뢰하는 가장 친밀한 방법은 당신의 기도에 한동안 침묵하시는 것이다. 이는 하나님께서는 당신의 수준이 예전보다 더 높은 차원의 계시를 깨달을 수준이 되었다고 보시기 때문이다. 결코 절망하지 않고 기쁨으로 하나님의 침묵을 인내할 수 있다고 믿으신 것이다.

물론 어떤 기도는 기도 자체가 잘못되었기 때문에 침묵이 따라오는 경우도 있다. 그러나 어떤 기도는 우리가 이해할 수 없는 차원에서 더 높고 위대하게 응답되기 위하여 침묵의 기간이 필요할 때도 있다. 예수님께서 자신이 계신 곳에 더 오래 머무신 이유는 마르다와 마리아를 사랑하셨기 때문이다. 그들은 나사로를 돌려받은 정도가 아니라 무한한 축복을 받았다. 바로 인간이 알 수 있는 최대의 진리를 알게 된 것이다. 그것은 '예수 그리스도는 부활이요 생명'이라는 사실이다. 결코 응답되지 않을 것 같은 기도들이 가장 놀라운 방법으로 응답될 때 우리는 하나님 앞에 서서 놀라움을 금치 못한다. 그때서야 하나님의 침묵이 오히려 내 기도에 대한 응답의 표지였음을 깨닫는다. 만일 아직도 하나님의 응답을 내 기준에 맞추어 "주께서 내 기도를 응답하셨다"고 생각한다면, 하나님께서는 아직 그 사람을 '하나님의 침묵'으로 신뢰하며 대하실 수 없다. 하나님의 침묵이 진행되는 동안에는 언제나 사탄이 찾아와 유혹한다.

"너는 지금까지 잘못된 기도를 해왔던 거야."

그러나 당신은 하나님의 말씀에 비추어 보면서 이 음성이 악한 사탄의 음성임을 쉽게 확인할 수 있다. 만일 당신이 드린 기도가 하나님을 더 알기 위한 기도이고 성령의 충만을 구하는 기도이며 하나님의 말씀을 더 알고 깨닫기 위한 기도라면, 그 기도는 하나님의 뜻에 합당한 기도이다. 결코 잘못된 기도일 수 없다. 인내하지 못한 당신은 이렇게 말한다.

"하나님께서 내 기도를 응답하지 않으셨어."

아니다. 하나님은 이미 주님의 침묵으로 응답하셨다. 이때 주께서는 사실 당신과 가장 가까이 계신 것이다. 비록 당신이 지금은 그분의 침묵을 다 이해할 수 없어도 조만간 모든 것을 이해하게 될 것이다. 시간이라는 것은 하나님께는 아무것도 아니다. 몇 년 전에 드려진 기도라도 하나님은 절대로 잊지 않으신다. 단지 침묵하실 뿐이다. 그러나 주님의 때에 주께서 그 기도를 응답하실 것이며 그때 우리는 우리가 거의 이해할 수 없었던 위대한 계시를 깨닫게 되면서 말로 다 할 수 없는 놀라움 가운데 하나님을 찬양하게 될 것이다.

주님의 놀라운 지체

나사로가 병에 걸려 있을 때 예수님께서 오실 날만을 눈이 빠지게 기다리고 있던 마르다와 마리아를 그려보라. 결국 오라비 나사로가 죽어서 그 몸이 무덤에 들어간 지 나흘째 되던 날에야 예수님께서 나타나셨다. 하나님의 완전한 침묵의 기간은 하나님 편에서는 아무 일도 안 하시는 놀라운 지체의 기간이다! 당신의 삶 가운데도 이와 비슷한 체험이 있는가? 하나님께서 당신을 이만큼 신뢰하실 만한가? 아니면 당신은 여전히 눈에 보이는 응답만을 기다리고 있는가?

"무엇이든지 구하는 바를 그에게서 받나니" 요일 3:22.

만일 하나님께서 당신에게 침묵하시면 하나님을 찬양하라. 당신이 하나님께 기도하면서 붙들기 원하는 것이 있었는데 하나님께서는 오히려 당신을 사랑하시는 이유 때문에 그 기도를 응답하지 않으시고 그냥 지나가게 하시는 때가 있다. 이러할 때 당신은 하나님을 오해한다.

"나는 하나님께 먹을 양식을 달라고 했는데 주님은 내게 돌을 주셨어."

그러나 하나님은 그런 분이 아니시다. 언젠가 당신은 주님께서 당신에게 '생명의 양식'을 주셨음을 발견하게 된다. 당신은 당신의 신앙생활을 더욱 풍요하게 해줄 수 있다고 생각되는 것을 붙들려고 기도하였다. 하나님께 이것저것을 지켜주실 것을 간구하였다. 그러나 갑자기 모든 것이 산산조각이 났다. 그것이 주님의 기도 응답이었다. 이때 우리는 기도가 전혀 응답되지 않았을 뿐 아니라 마치 반대로 된 것 같아서 하나님을 의심하게 되고 우리의 믿음은 동요된다. 기도의 필요성에 대해 의심하게 된다. 그러나 바로 이러한 기간이 하나님의 높으신 뜻에 따라 주께서 친히 의도하신 놀라운 지체의 기간임을 깨달아야 한다.

침묵의 때를 지난 후에야 우리는 영적인 사람이 되고 주의 침묵을 이해할 수 있게 된다. 더 나아가 우리는 하나님께서 우리의 모든 기도를 '가끔'이 아니라 '언제나' 응답하신다는 사실을 깨닫는다. 기도가 응답되는 때와 장소는 하나님의 주권에 달려 있다. 이러한 기도에 대한 깨달음 가운데 간절히 그리고 열심히 기도하라. 기도와 관련한 하나님의 지체 또는 침묵은 우리를 더 깊은 신뢰로 인도하며 잠잠케 할 것이다. 즉, 예수 그리스도의 잠잠함이 우리에게 번지게 된다.

"아버지여 내 말을 들으신 것을 감사하나이다" 요 11:41.

주님의 잠잠함이 우리 마음속에 임하였다는 것은 하나님께서 우리의 기도를 들으셨다는 증거이다.

기도 응답의 놀라운 계시

예수 그리스도께서 주신 기도 응답은 마르다와 마리아의 깊은 마음속까지 임하는 것이었다. 다시 살아난 나사로, 그리고 그를 통하여 나타난 하나님의 영광은 예수 그리스도께서 어떤 분이신가를 알려주신 최대의 계시였다. 이 계시는 지난 20세기 동안 교회를 축복해온 최대의 계시였다. 곧 예수님만이 '부활이요 생명'이라는 계시이다.

예수 그리스도의 침묵은 언제나 우리가 생각하는 것을 훨씬 초월해서 더 큰 계시를 주시려는 표시이다. 만일 주께서 우리가 기도한 그대로 주신다면 이는 주께서 우리를 아직 신뢰하지 못한다는 뜻이다. 누가복음 11장과 18장에 나타난 기도의 예를 보라. 기도가 응답되지 않는 상태에서도 그들은 자신들의 믿음을 증거하고 있다. 그것이 주께서 보기를 원하시는 믿음이다.

"그러나 인자가 올 때에 세상에서 믿음을 보겠느냐" 눅 18:8.

예수 그리스도께서 침묵하신다고 해서 주님이 우리를 기뻐하지 않으신다고 절대로 오해하지 말라. 오히려 정확하게 그 반대일 수 있다. 주님은 우리를 주의 위대한 목적을 향해 달리게 하실 것이며, 마침내 주님의 응답은 우리에게 놀라운 계시가 될 것이다. 따라서 주님께서 "나를 믿는 자는 내가 하는 일을 그도 할 것이요 또한 그보다 큰 일도 하리니 … 너희가 내 이름으로 무엇을 구하든지 내가 행하리니"라고 말씀하신 것은 당연하다 요 14:12-13.

기도란 바로 이런 것이다. 단지 하나님께서 당신이 원하는 대로 축복하시는 그러한 수준이 아니다. 하나님께서 우리의 기도에 따라 우리를 축복하신다는 기도의 개념을 가지고 있는 한 하나님께서는 그렇게 하실 것이지만, 주께서는 주의 침묵의 은혜를 허락하지는 않으실 것이다. '기도는 하늘 아버지를 영화롭게 하기 위한 것'이라고 이해한다면 주께서는 우리를 사랑하고 아끼신다는 표시를 주시는데 그것은 바로 주의 '침묵'이다. 물론 사탄은 이를 '응답되지 않은 기도'라고 조롱할 것이다.

마르다와 마리아의 경우처럼 기도 응답의 지체는 예수님께서 그들을 '사랑하시는 표시'라고 성령께서 말씀하신다. 즉, 주님께서는 그들을 특별히 사랑하셨기에 주께서 특별하게 의도하신 '침묵'을 통해 그들이 상상할 수 없었던 계시를 받을 특권을 허락하셨던 것이다. 하나님께서는 우리가 영적으로 더 나아가기를 원하지 않을 때 우리의 기도에 따라 우리가 원하는 축복을 주신다. 그러나 주께서 우리를 믿을 때, 우리를 더 넓고 크신 영적인 세계로 이끄시려 할 때, 또한 하나님이 어떠한 분이신가를 더 깊게 깨닫는 자리로 인도하실 때, 주님은 우리를 '주의 침묵'으로 대하신다.

오 주님, 제가 주를 더욱 영화롭게 하기 위하여 주의 영의 능력을 구합니다. 제 영이 주의 거룩하신 영으로 충만하게 하소서. 오 주님, 이 유한한 육체가 주의 영에 사로잡혀 주 예수 그리스도의 완전함이 나타나게 하소서.

오 주님, 제 지식과 마음과 성향이 오직 주 안에서 주님과 하나가 될 수 있도록 제게 성령을 부으소서. 제가 주만 의지하리이다. 주님과 하나가 될 때 다시 한 번 완전히 제 자신을 잊게 됩니다.

오 주님, 하나님의 섭리를 전혀 헤아릴 수는 없으나 주님의 놀라우심이 자명하게 드러날 것을 기대하며 기다립니다. 주님, 비록 주의 길이 전혀 보이지 않더라도 오직 주만 바라오니 지금 저로 하여금 온전한 평안을 누리게 하소서. 주님은 저의 하나님이시며 저는 주님만 신뢰합니다.

예수님의 이름으로 기도드립니다. 아멘.

6장
순종하여 주님과 하나 되는 기도

✧

"아버지여, 아버지께서 내 안에, 내가 아버지 안에 있는 것같이 그들도 다 하나가 되어 우리 안에 있게 하사 세상으로 아버지께서 나를 보내신 것을 믿게 하옵소서" 요 17:21.

순종의 삶

"예수께서 함께 내려가사 나사렛에 이르러 순종하여 받드시더라" 눅 2:51.

"예수께서 대답하시되 위에서 주지 아니하셨더라면 나를 해할 권한이 없었으리니 그러므로 나를 네게 넘겨준 자의 죄는 더 크다 하시니라"요 19:11.

우리는 우리 자신을 위하여 세워진 것이 아니라 하나님을 위하여 세워졌다. 하나님을 위한 '사역'을 위하여 세워진 것이 아니라 하나님 그분을 위하여 세워졌다. 위 구절은 순종의 삶이 무엇인지에 대한 설명이다.

얼마나 놀라운 순종인가! 30년 동안 예수님께서는 자신을 믿지 않는 동생들과 함께 한 집에서 사셨다. 주께서 사역을 시작하자 그들은 주님을 보고 미쳤다고 말했다. 주님께서 그러한 대우를 받으셨던 것처럼 지금 이 시대에 우리도 마찬가지이다. 우리는 말한다.

"내가 거듭났을 때 나는 엄청난 깨달음과 섬김의 시간이 펼쳐질 것이라고 생각했습니다. 그러나 오히려 비판하는 가족들 틈에 끼어 있게 되었습니다. 그들은 나를 나무랐고 매사에 간섭하며 좌우로 막았습니다. 그들은 나를 오해했고 다른 사람들에게도 나를 이상하다고 말했습니다."

"제자가 그 선생보다, 또는 종이 그 상전보다 높지 못하나니"마 10:24.

당신은 당신의 삶이 예수 그리스도의 삶보다 더 편안할 것이라고 생각하는가? 물론 원하기만 하면 불순종할 수 있다. 그러나 우리가 순종하지 않게 되면 성령께서는 곧 우리 안에 가장 비참한 부끄러움을 느끼게 하실 것이다. 반면에 우리는 예수께서 우리를 위해 기도하셨다는 사실을 알게 될 때 순종하게 된다.

하나님께서는 우리의 목표에 관심이 없으시다. 주님께서는 "네가 이 사별의 슬픔과 분노를 피하기를 원하느냐"라고 묻지 않으신다. 주님은 주님의 목표를 위해 이러한 슬픈 사별을 허락하신다. 우리는 이러한 사별을 피하기 원한다고 말하겠지만 하나님께서는 사탄의 역사와 죄를 허락하신다. 하나님은 악한 자가 승리하는 것과 독재자가 다스리는 것을 허락하신다. 이러한 사건들은 우리를 또 다른 작은 마귀가 되게 하든지 더욱 단단한 성도로 만든다. 이는 순전히 우리가 하나님과 어떤 관계를 맺고 있느냐에 따라 달라진다. 만일 우리가 "주의 뜻이 이루어지이다"라고 말하면 우리는 하늘 아버지께서 주님의 지혜에 따라 모든 것을 역사하실 것을 알게 되면서 놀라운 위로를 얻게 된다. 만일 우리가 하나님께서 무엇을 이루려고 하시는지를 이해한다면, 우리는 결코 비열하거나 냉소적인 사람이 되지 않을 것이다.

우리가 경험하는 모든 사건들은 우리를 더 친절하고 고상하며 착한 사람으로 만들든지, 아니면 더욱 의심 많고 자기 주장만 내세우는 그러한 사람으로 만든다. 즉, 우리는 하늘 아버지를 더욱 닮아 가든지 아니면 더욱 비열하고 이기적인 사람이 되어간다. 지금 상황 가운데 당신은 어떻게 처신하고 있는가? 전에는 전혀 깨달을 수 없었던 삶의 목적을 이해하게 되었는가? 하나님께서는 우리의 기도를 응답하기 위해 존재하는 분이 아니시다. 그러나 기도를 통하여 우리는 하나님의 마음을 분별하게 된다. 그래서 "이는 우리가 하나가 된 것같이 그들도 하나가 되게 하려 함이니이다"요 17:22라는 주의 뜻이 이루어진다. 나는 예수님께서 기도하신 내용처럼 주님과 그렇게 친밀한가? 하나님께서 반드시 응답하시는 기도는 바로 예수 그리스도의 기도이다. 그러므로 하나님께서는 예수 그리스도의 기도가 응답될 때까지 우리를 결코 그냥 내버려두지 않으실 것이다. 당신이 주의 제자로서 얼마나 불완전하고 미성숙하였는가는 중요하지 않다. 기도로 주께 매달리고 있다면, 당신을 향한 그리스도의 기도는 응답될 것이다.

고독한 삶

"예수께서 성령의 충만함을 입어 요단 강에서 돌아오사 광야에서 사십 일 동안 성령에게 이끌리시며 마귀에게 시험을 받으시더라 이 모든 날에 아무것도 잡수시지 아니하시니 날 수가 다하매 주리신지라"눅 4:1-2.

주님께서 일반 사람들로부터 뚜렷하게 구분되는 것은 오직 내면의 보이지 않는 부분이다. 주님은 고독한 장소를 택하지 않으시고 성령에 의해 광야로 이끌림을 받으셨다. 사람이 홀로 있는 것은 좋은 것이 아니다. 악은 사람으로 하여금 홀로 있고 싶어하게 만든다. 예수 그리스도는 수도승이나 수녀처럼 종교 은둔자가 아니다. 주님은 사람들이 세상 속에서 살기를 요구하신다요 17:15. 우리는 "나는 주님께서 나에게 많은 것을 요구하지 않으시기를 바란다"고 말한다. 맞다. 주님께서는 우리에게 단 한 가지만 요구하시는데, 그것은 바로 주께서 하나님 아버지와 하나이셨던 것처럼 우리가 완전하게 주님과 하나 되는 것이다. 하나님께서는 우리가 주님을 '위해' 일하는 대신 주님과 '함께' 일하기를 원하신다.

모든 사람은 자신의 내면 세계가 있다. 아무도 다른 사람의 내면 세계에서 어떤 일이 발생하는지 알지 못한다.

"아무도 나를 이해할 수 없어!"

이는 당연한 말이다. 아무도 다른 사람의 내면 세계를 알 수 없다. 우리는 각자 타인이 다 알 수 없는 자신만의 내면 세계가 있다. 당신을 완전하게 이해하는 유일하신 분은 하나님이시다. 당신을 주님께 맡기라.

당신의 마음이 심각한 유혹에 빠져들고 있지는 않는가? 예수님은 사탄에게 유혹을 받으셨다. 아마 당신도 유혹을 받고 있을 수 있지만 당신 외에는 아무도 당신이 유혹 받고 있다는 사실을 모른다. 유혹은 우리가 소중히 여기는 것을 시험한다. 만일 우리가 하나님께 드리지 못하고 붙들고 있는 것이 있다면 유혹은 그 선상에서 다가온다. 이제 왜 예수님께서 이렇게 기도하셨는지 이해가 된다.

"이는 우리가 하나가 된 것같이 그들도 하나가 되게 하려 함이니이다" 요 17:22.

주님과 하나가 된 상태를 생각해보자. 목적도 하나요 마음도 하나이다! 우리 중 어떤 사람들은 이 상태에서 너무 멀리 벗어나 있다. 그러나 하나님께서는 주님께서 우리가 주님과 하나가 되도록 기도하셨기 때문에 주님과 하나가 될 때까지 절대로 우리를 내버려두지 않으실 것이다. 하나님께서는 절대로 세상과 육신과 마귀의 유혹으로부터 우리를 차단하지 않으신다. 우리의 진정한 문제는 우리가 주님과 하나가 되느냐 하는 문제이기 때문이다. 주님의 제자가 되려는 과정에서 주의할 점이 있다. 기독교는 주님과 하나가 됨으로써 나타나는 성품의 변화이지 남들에게 보이려는 쇼가 아니다.

만일 당신이 고독한 삶을 살고 있다면 요한복음 17장을 읽어보라. 이 내용은 정확하게 당신이 왜 그곳에 있는지를 설명해줄 것이다. 이제 당신은 주님의 제자가 되었으니 과거처럼 결코 독자적일 수 없다. 예수님의 제자란 주님께서 기도하셨듯이, 주님이 아버지와 하나이심같이 우리도 주님과 하나가 되는 사람이다. 당신은 하나님께서 예수님의 기도를 응답하시도록 주님의 기도에 부응하는가? 아니면 당신의 삶을 위한 나름대로의 목표가 있는가?

삶의 절정

"내게 주신 영광을 내가 그들에게 주었사오니 이는 우리가 하나가 된 것같이 그들도 하나가 되게 하려 함이니이다"요 17:22.

우리 주님께서 지니신 영광은 거룩한 삶의 영광이었다. 주님께서는 이 영광을 우리에게 주신다. 당신은 주님이 주신 '거룩'이라는 선물을 힘껏 사용하는가?

'주님의 부르심의 소망'이 요한복음 17장에 잘 나타난다. 그 소망은 모든 문제 위에 비추시는 위대한 빛이다. 하나님께서는 우리가 그 부르심에 충성되기를 바라신다.

"우리가 그에게 가서 거처를 그와 함께하리라"요 14:23.

삼위일체 하나님께서 성도와 함께 거하시겠다는 것이다. 주께서 우리와 함께 거하시면 사람을 신경 쓸 일이 있겠는가?

오 주님, 제가 깨어나면 저는 여전히 당신과 함께 있을 것입니다. 저의 유한한 이 몸을 당신의 능력의 부활 생명으로 일으켜 세우소서. 오늘 이 시대를 향하여 저를 깨우사 당신의 신령한 은혜의 생명으로 채워주소서.

주님, 참으로 많은 사건들 속에, 셀 수 없이 많은 사람들 속에, 참으로 많은 행사들 속에, 여전히 주님은 계십니다. 오늘 제 마음을 주의 넓으신 마음으로, 주의 아름다운 성품으로 채우셔서 주님의 영광을 위하여 저를 축복하소서.

오 주님, 저는 주만 바라나이다. 저를 깨닫게 하소서. 당신의 얼굴을 뵙고 제 얼굴에도 빛이 나게 하소서. 주님의 은혜로 인하여 당신을 찬양합니다. 당신이 행하신 작은 기적들로 인하여 주께 영광을 돌립니다. 제게 은혜를 베푸사 하나님 안에 감추인 그리스도의 숨겨진 생명을 나타낼 수 있게 하소서.

주님, 어두움이 지나고 새벽이 다가옵니다. 이제 빛이 떠오르고 있습니다. 오늘도 주님의 영광만을 위하여 주님을 섬길 수 있도록 저의 마음과 몸을 맑게 하시고 힘이 넘치게 하소서. 주님의 영을 제게 불어넣어 주소서.

예수님의 이름으로 기도드립니다. 아멘.

7장
성령 안에서 드리는 친근한 기도

"모든 기도와 간구를 하되 항상 성령 안에서 기도하고 이를 위하여 깨어 구하기를 항상 힘쓰며" 엡 6:18.

성령 안에서 기도한다는 것은 예수 그리스도와 진실한 관계를 유지할 수 있도록 하나님께서 주신 능력을 사용한다는 뜻이다. 기도를 통해 주님과 진실한 관계를 유지한다는 것은 우리의 신앙생활에서 가장 어렵고도 중요한 문제이다.

오순절로 인하여 널리 퍼지게 된 기도

우리는 이 땅에 오신 성령에 의해 계시된 내용을 의지하여 기도해야 한다. 그 계시의 내용은, 우리는 어떻게 기도하는지 모른다는 것이다롬 8:26. 우리는 예수 그리스도와의 관계를 유지하여야 한다. 우리가 그 관계를 유지하려면, 성령께서 우리의 기도를 통해 주님과 진실한 관계가 유지되도록 도우신다. 성령 안에서 기도할 때 우리는 우리가 드리는 청원으로부터 자유로울 수 있다.

"그러므로 그들을 본받지 말라 구하기 전에 너희에게 있어야 할 것을 하나님 너희 아버지께서 아시느니라"마 6:8.

그렇다면 왜 구하는가? 기도를 드리는 이유는 하나님을 알기 위함이다. '구하고 받는' 기도는 초보적인 기도이다. 이러한 기도는 우리의 감각으로 이해할 수 있는 기도이다. 그러나 이러한 초보적인 기도가 반드시 성령 안에서 기도하는 것이라고 말할 수 없다. 거듭나지 않은 사람은 구하고 받아야 한다. 그러나 이미 거듭났으며 하나님과 올바른 관계를 맺고 있는 사람이라면, 그는 기도를 통해 주 안에서 진실한 믿음을 지킴으로 주님과의 관계를 유지해야 한다. 우리가 성령 안에서 구체적으로 기도할 수 있을 때까지 우리 마음이 기도에 관한 하나님의 말씀의 계시로 가득 차도록 해야 한다. 기도는 연습이 아니라 삶이다.

기도의 필요

대부분의 사람들은 기도를 드릴 필요를 느끼지 못하기 때문에 기도하지 않는다. 성령이 우리 안에 계신 증표는 가득 찬 느낌이 아니라 비어 있는 느낌이다. 우리는 고통을 주는 사람들, 어려운 상황들, 난처한 조건들을 접하게 될 때 기도의 필요를 절실히 느끼게 된다. 이는 성령께서 그 어려운 상황들 가운데 계시다는 뜻이다. 만일 우리가 기도의 필요를 느끼지 않는다면 이는 성령께서 우리를 만족시켰기 때문이 아니라 자신이 가지고 있는 것에 만족했기 때문이다. "사람의 필요는 그가 소유한 것을 넘어선다"는 말이 있다. 기도의 필요를 느낀다는 것은 그 필요가 우리의 삶을 예수 그리스도와 친밀하게 유지시켜 주기 때문에 위대한 축복 중 하나이다.

기도를 절제하라

성령 안에서 기도하는 것을 배울 때 우리가 기도할 수 없는 뭔가가 있다는 것을 발견하게 된다. 그래서 기도를 절제할 필요를 느낀다. 이런 때는 절대로 기도로 밀고 나가지 말라.

"나는 이것이 하나님의 뜻이라고 생각한다. 끝까지 기도할 예정이다."

이러한 자세를 조심하라. 이러한 기도는 성령을 근심케 하는 기도이다. 이스라엘 백성을 기억하기 바란다.

"여호와께서는 그들이 요구한 것을 그들에게 주셨을지라도 그들의 영혼은 쇠약하게 하셨도다"시 106:15.

주님을 근심케 하지 않는 기도와 주께서 원하시는 기도를 드리기 위해 성령으로부터 배우라. 만일 우리가 예수 그리스도 안에 거하면 우리는 의식적이든 무의식적이든 주께서 원하시는 기도를 하게 될 것이다요 15:7.

주님의 속죄를 의지하는 기도

성령을 의지하며 기도할 때 성령께서는 언제나 우리를 단 한 가지의 진리로 인도하신다. 그 진리는 주께서 우리의 기도를 들으시는 것은 우리의 열심 때문도 아니고, 우리가 원해서도 아니며, 우리가 멸망하지 못하도록 하기 위해서도 아니라는 것이다. 주께서 우리의 기도를 들으시는 단 한 가지 이유는 주님의 속죄 때문이다히 10:19.

그리스도의 속죄의 효력은 성령께서 우리에게 깨달음을 주는 것도 포함한다. 성령께서 그리스도의 속죄의 의미를 우리에게 설명해 주실 때, 우리는 우리의 필요나 간절함을 근거로 기도 응답을 바라지 않게 된다. 대신 속죄를 의지하는 가운데 하나님께서 기도에 응답하지 않으신다는 생각을 절대로 하지 못하게 된다. 주님은 언제나 기도에 응답하신다는 확신을 갖고 안심하고 기도하게 된다.

성령은 우리가 기도를 통하여 하나님께 나아갈 수 있는 근거는 '예수의 보혈 때문'임을 끊임없이 상기시킨다. 성령 안에서 기도하는 영적 문화를 배워가면, 우리는 우리가 접하는 평범한 상황과 평범한 사람들이 우리로 하여금 더욱 예수 그리스도의 속죄를 의지하여 기도하게 한다는 사실을 발견한다. 기도의 가장 밑바탕에는 바로 예수 그리스도의 속죄 사역이 있다.

하나님의 자원들을 의지함

성령 안에서 기도할 때 우리는 하나님을 향하여 더욱 친밀감을 느끼게 된다. 또한 성령께서는 우리로 하여금 하나님의 자원들을 느끼게 한다. 예를 들어, 성령은 성령으로 기도하는 개인에게 그의 삶의 뚜렷한 목표를 알려주신다. 이때 우리는 결단을 내리게 되고 하나님께 무조건 자신의 인생을 던지며 뒤도 돌아보지 않고 앞으로 나아간다. 이 과정에는 오직 성령께서 들려주신 음성만 있을 뿐 다른 사람들의 충고는 없다. 그럼에도 하나님의 풍성하심을 느끼기에 믿음으로 나아갈 수 있는 것이다.

우리가 주님의 자원을 믿고 매달리는 과정은 이렇다. 처음에 한 발은 하나님께, 다른 한 발은 자신의 이성에 둔다. 그러면 하나님께서는 공간을 넓히셔서 가운데 떨어지든지 아니면 한편에만 서게 만드신다. 주님을 믿고 서든지 자신을 믿든지 결정해야 한다. 이때 성령을 의지하는 법을 배웠다면 이성으로 따지지 않고 하나님 편으로 점프할 것이다. 우리 중 많은 사람들이 하나님을 향한 확신이 없이 이리저리 따져보기 때문에 자신들의 기도를 제한한다. 물론 하나님을 알지 못하는 사람들의 눈에는 주님만 의지하는 것이 어리석게 보일 것이다. 그러나 우리가 성령 안에서 기도할 때 하나님의 자원을 깨닫기 시작한다. 그분은 우리의 완전하신 하늘 아버지시며 우리는 그분의 자녀이다.

주 예수 그리스도를 통해 하나님이 나의 아버지 되심을 항상 기억하라.

성령 안에서 기도하라

성령 안에서 기도하면 바울이 "우리의 씨름은 혈과 육에 대한 것이 아니라 정사와 권세와 이 어두움의 세상 주관자들과 하늘에 있는 악의 영들에게 대함이라"고 말한 배경을 정확하게 이해할 수 있게 된다.

만일 성령께서 우리 안에서 마음껏 역사하시게 되면 성령은 우리 주변의 환경에 대해 책임지신다. 그 환경에는 성령에 의해 깨끗하게 정리되어야 할 것들이 있다. 이때 절대로 공격하지 말고 굳게 서서 씨름하라. 씨름은 공격이 아니라 자신이 서 있는 터전 위에서 반대 세력을 향해 꼼짝하지 않고 끈질기게 서서 견디는 것이다.

우리 주변의 많은 사람들이 육체적인 요소 때문에 영적으로 패배한다.

"잠을 못 잤습니다. 소화불량입니다. 제대로 몸 관리를 못한 것 같습니다."

절대로 이러한 육체적인 이유 때문에 기도를 멈추는 일이 없도록 하라. 사실 셀 수 없이 많은 신체장애인들이 성령 안에서 기도하는 것이 무엇인지를 알고 있다.

하나님을 섬기려고 할 때 결코 당신의 신체적인 연약함을 평계 삼지 말라. 오직 성령의 능력으로 매일의 일과를 감당하라. 만일 당신이 성령 안에서 기도하고 있다면 당신의 직업이 무엇이든, 당신이 처한 상황이 어떠하든 전혀 관계가 없다. 성령께서는 당신 주변에 신기하고 새로운 분위기를 만들어내실 것이다. 결국 당신이 하는 모든 일들을 통하여 하나님의 영광이 나타나게 될 것이다.

사도적 습관

"쉬지 말고 기도하라"살전 5:17.

어린아이같이 하나님을 향해 끊임없이 감탄하는 습관을 가지라. 언제나 성령을 인정하고 의지하라. 꾸미지 않은 기도와 순간적인 기도는 매우 하찮게 느껴질 수 있지만 오히려 하나님은 그러한 기도들을 들으신다. '쉬지 않고 기도하던' 사도적 습관은 지금도 우리 가운데 계속되어야 할 귀한 습관이다.

일과 속에서의 반응

일과 가운데 우리가 어떻게 반응하는가 하는 것은 우리의 기도를 방해하기도 하고 돕기도 한다. 만일 예수 그리스도와의 관계를 근거로 반응하지 않으면 우리가 주님께 돌아올 때까지 많은 시간을 낭비하게 될 것이다. 우리의 의식적인 삶과 간섭하시는 성령님 사이에 안개와 어두움이 임하게 된다. 물론 성령님은 그곳에 언제나 계셨지만 우리가 주님과 일치된 가운데 반응하지 않았기 때문에 성령을 의식하지 못하고 지낸 것이다. 우리가 성령 안에서 실제로 기도하지 않는다면 언제나 지속적으로 같이 있는 사람이나 환경들, 심지어 신앙적인 활동마저 언제나 우리에게 방해만 될 것이다.

성령 안에서 기도할 수 있는 유일한 사람은 어린아이 같은 자이다. 곧 하나님을 절대적으로 믿는 어린아이 같은 밝은 마음의 소유자이다. 우리가 성령 안에서 기도할 때 우리는 마음속에 자연스럽게 임하는 것들을 주께 드러낸다. 이것이 바로 성령께서 "하나님의 뜻대로 성도를 위하여 간구하시는" 것이다롬 8:27. 이에 하나님께서는 성령의 전인 우리의 몸 안에서 성령께서 간구하신 기도를 응답하신다.

"이같이 한즉 하늘에 계신 너희 아버지의 아들이 되리니"마 5:45.

성령은 우리 인간의 지혜 안에서 즐거워하지 않으시고, 하나님의 지혜 안에서 기뻐하신다.

우리의 몸이 '성령의 전'이라는 사실을 인식할 때, 우리는 성령을 위해 이 몸이 더럽혀지지 않도록 각별한 주의를 기울이게 된다. 예수님께서 말씀하셨다.

"내 집은 기도하는 집이라"마 21:13.

주님, 제가 당신을 뵙기를, 당신의 음성을 듣기를, 당신을 묵상하기를, 당신처럼 분명히 자라나기를 얼마나 사모하는지요! 주께서 말씀하시기를 "주 안에서 기뻐하라. 주께서 네 마음의 소원을 이루어 주실 것이라" 하셨습니다.

오 주님, 저는 주님의 축복을 알기에 주를 찬양합니다. 그러나 제가 주의 종으로서 계속 구하는 것은 주님을 만져보는 것입니다. 제가 무엇을 구하는지 저는 모르지만 주님은 아십니다. 제가 얼마나 주를 사모하는지요!

주님, 저는 여전히 매우 어두운 세상에서 살고 있습니다. 그러나 믿음으로 언제나 주님이 제 곁에 계심을 느낍니다. 그러나 저는 당당하게 고개를 들지 않으렵니다. 안정과 인내 가운데 주님 안에 숨어 있다가 주님께서 원하실 그때 일어나 빛을 발하겠습니다.

예수님의 이름으로 기도드립니다. 아멘.

8장
하나님께 집중하여 거룩을 체험하는 기도

"평강의 하나님이 친히 너희를 온전히 거룩하게 하시고 또 너희의 온 영과 혼과 몸이 우리 주 예수 그리스도께서 강림하실 때에 흠 없게 보전되기를 원하노라 너희를 부르시는 이는 미쁘시니 그가 또한 이루시리라" 살전 5:23-24.

성경 전반에 걸쳐 하나님께서는 주의 백성을 따로 구별하신다. 반면 하나님의 백성들은 주님을 섬기기 위해 각각 자신들을 따로 구별한다. 곧 우리 자신을 구별하기 위해 우리는 먼저 하나님에 의해 구별되어야 한다. 구별되시는 하나님께서는 우리가 본질적으로 거룩할 것을 요구하신다.

우리는 주님에 대해 두 가지 개념이 있어야 하는데, 첫째는 아버지 하나님께서 주의 구속 사역을 위해 예수님을 따로 구별하셨다는 점이다. 둘째는 예수님께서 하나님의 사역을 위하여 자신을 거룩하게 하셨다는 점이다.

> "하물며 아버지께서 거룩하게 하사 세상에 보내신 자가 나는 하나님의 아들이라 하는 것으로 너희가 어찌 신성모독이라 하느냐" 요 10:36.
>
> "또 그들을 위하여 내가 나를 거룩하게 하오니 이는 그들도 진리로 거룩함을 얻게 하려 함이니이다" 요 17:19.

우리 주님은 본질적으로 거룩하셨다. 그러면 왜 주님은 "내가 나를 거룩하게 하오니"라고 말씀하셨을까? 말을 바꾸어보면, 예수 그리스도는 "주의 거룩함을 거룩하게 하셨다"는 말이 된다. 곧 예수님께서는 뜻을 다하여 '자신의 거룩한 자아'를 아버지 하나님께 희생하셨다는 뜻이다. 예수 그리스도는 아버지 하나님의 뜻에 따라 '자신의 거룩하신 자아'를 거룩하게 하심으로 자신을 따로 구별하신 것이다. 주님은 아버지 하나님의 말씀에 따라 자신의 지식을 순복함으로 그분의 지식을 거룩하게 하셨다. 또한 아버지 하나님의 뜻에 따라 자신의 뜻을 순복함으로 그분의 뜻을 거룩하게 하셨다.

거룩한 하나님의 자녀들로서 우리는 거룩sanctification을 체험한 후에 우리의 거룩함holiness을 하나님께 따로 구별하여 드려야 한다는 사실을 마음에 두어야 한다. 즉, 우리는 자신을 위해서가 아니라 하나님을 위해 거룩하게 된 것이다. 우리는 하나님께 반항하는 부분이 없이 온전히 드려야 한다.

> "평강의 하나님이 친히 너희를 온전히 거룩하게 하시고 또 너희의 온 영과 혼과 몸이 우리 주 예수 그리스도께서 강림하실 때에 흠 없게 보전되기를 원하노라 너희를 부르시는 이는 미쁘시니 그가 또한 이루시리라"살전 5:23-24.

우리 대부분은 사도 바울의 중보기도를 깨닫기에는 너무나 무관심하거나 종교적으로 감상적이다. 당신은 하나님께서 원하시는 대로 당신에게 행하시도록 허락하는가? "주님, 주께서 은혜로 죄인을 구원하신 것처럼 이제 이 죄인을 거룩하게 하소서"라고 기도할 준비가 되어 있는가?

어떤 사람은 거룩을 체험하기 위해 기도하며 소망한다. 그러나 그 근처도 가지 못한다. 다른 사람은 갑자기 놀라운 깨달음 가운데 거룩을 체험한다. 거룩은 은혜의 일시적이고 연속적인 사역이다. 그러나 이러한 깨달음을 얻지 못한 사람은 거룩을 이루는 것을 매우 오래 걸리는 일로만 생각하여 '일시적인'instantaneous 면을 체험하지 못한다.

결국 거룩을 체험하지 못하는 이유는 그들이 거룩의 의미를 깨닫기 위해 마음을 열지 않았기 때문이다.

바울의 중보기도에 나타난 하나님의 뜻이 우리에게 이루어지기를 기도할 때 우리는 이 구절들 안의 기준을 따를 의향이 있어야 한다. 당신은 거룩을 위한 대가를 치를 준비가 되어 있는가? 당신이 치를 대가는 이 땅에서의 관심을 최대한 줄이고 하나님께 대한 관심을 최대한 늘이는 것이다. 다른 말로 하면, 거룩이란 하나님의 관점에 최대로 집중하는 것을 의미한다. 이를 위하여 온 영과 혼과 몸의 모든 힘이 하나님의 목적만을 위하여 서로 연결되고 유지되어야 한다. 거룩이란 예수님께서 하나님과 하나인 것처럼 우리가 하나님과 하나가 되는 것을 의미한다.

> "우리가 하나가 된 것같이 그들도 하나가 되게 하려 함이니이다" 요 17:22.

거룩은 '연합'union보다 훨씬 더 큰 의미로, 본질적으로 하나라는 뜻이다. 즉, 예수님을 주관하였던 똑같은 '성향'이 나를 주관하는 것이다.

당신은 거룩을 위한 대가를 치를 준비가 되어 있는가? 그 대가란 내 안에 하나님께 속하지 않은 모든 것을 희생하는 것이다. 하나님께서 주의 사역을 위하여 예수님을 구별하신 것처럼 하나님께서 내 안에서 역사하시도록 자신을 구별할 준비가 되어 있는가? 내 안에서의 주의 사역이 끝나면 나도 예수님께서 하신 것처럼 나 자신을 하나님께 구별하여 드릴 준비가 되어 있는가? 이와 같이 거룩의 깨달음은 하나님의 진리에 뿌리를 내리고 고정되어야 한다.

거룩하게 된 삶의 유형은 주 예수 그리스도의 삶이다. 주님의 삶의 특징은 아버지 하나님께 순종하는 것이었다. 따라서 하나님과 바른 관계를 맺는 유일한 방법은 주 예수님의 삶의 모습에 빠져들어가는 것이다.

오늘날 소위 영적인 사람이라고 불리는 자들의 특징은 불순종이다. 질서에서 벗어난 영적 충동의 체험은 광명의 천사로 가장한 사탄에게 주께서 택하신 자들마저 하나님의 계획에서 벗어나도록 유혹할 기회를 준다. 만일 영적인 불순종의 결과를 알기 원한다면, 고린도전서 12장을 읽어보라. 그곳에서 우리는 성령의 질서를 철저하게 거역하는 영적 미치광이들을 보게 된다. 성령의 인도함을 따르는 성도의 특징은, 예수님을 많이 닮는 것이며 예수님과 닮지 않은 모든 것을 멀리하는 것이다.

우리 대부분은 거룩의 이 엄청난 비밀에 대한 반응이 너무나 미약하다. 당신은 성령이 당신을 사로잡아 주의 밝은 빛으로 점검하시는 것을 허락하겠는가? 성령이 당신 안에서 역사하시면 하나님께서는 당신을 하나님께 가치 있는 존재로 만드실 것이다. 거룩이란 '하나님께서 우리를 위하여 무엇을 하셨으면 좋겠다'는 우리의 생각이 아니다. 오히려 거룩은 하나님께서 우리를 위하여 하시는 일로서, 먼저 우리로 하여금 주님과 바른 관계를 맺게 하시고 바른 생각과 마음 자세를 취하게 하시는 것이다. 이때 우리는 어떠한 희생이 따르더라도 주님이 원하시면 무엇이든 하실 수 있도록 자신을 완전히 내어맡기는 자리로 나아가야 한다. 당신은 이러한 성령의 사역에 집중할 준비가 되어 있는가?

사도 바울은 과학적인 진리나 지적 진리가 아니라 영적 진리를 말하고 있다. 영적 진리를 증거할 수 있는 유일한 방법은 체험이다. 사람들은 "거룩의 교리를 이해할 수 없다"고 말한다.

그렇다면 먼저 체험하라. 거룩은 체험을 통해서만 알 수 있다. 거룩에 대해 논리적으로 생각한다고 해도, 당신이 직접 체험하지 않고서는 거룩을 알 수 없다. 당신은 예수님께서 말씀하신 "내게로 오라"는 부르심에 응답할 준비가 되어 있는가? 실체는 체험 속에서 사실이라는 것이 증명된다. 영적 진리를 삶에 적용하지 않는 위험이 얼마나 큰것인지! 순종을 통해 체험하고 그 진리를 증명하라. 당신이 체험하지 못한 진리를 말할 때마다 성령은 다시 그 진리를 당신에게 돌려보내며 말씀하신다.

"그 진리와 관련하여 너는 어디에 서 있으며 무엇을 아느냐?"

평강의 귀중함

"평강의 하나님이…" 살전 5:23.

바울은 제일 먼저 성령의 인도하심에 의지하여 마음속에서 싹트는 의심을 잠재우고 있다. 옛사람의 속성은 예수님을 의심하는 것이다. 이 의심은 치유될 수 없는 의심으로서 예수님께서 이 땅에 오신 목적을 이루실 수 없다는 것이다. 당신은 하나님이 그분의 전능하신 방법을 사용하신다고 해도 당신을 거룩하게 하실 수 없다고, 조금이라도 의심하는가? 만약 그렇다면 평강의 하나님이 당신의 교활한 불신을 통과하여 주의 평강을 당신 안에 심도록 해야 한다. 그러면 온 마음이 평안해지면서 당신 안에는 오직 한 가지만 남게 되는데, 그것은 바로 하나님과 당신의 영혼이다. 당신의 양심은 평강을 누리게 될 것이고 당신에게는 하나님과의 온전한 관계를 유지시키는 하나님의 평강 자체가 임할 것이다. 주님은 "곧 나의 평안을 너희에게 주노라" 요 14:27고 말씀하셨다. 이와 같이 하나님의 평강이 우리에게 임하고 우리 안에 모든 의심이 사라지면 우리는 주님 앞에 잠잠하게 된다. 우리 마음속에는 믿음이 소생하고 더 이상의 의심이 사라지며 주께서 무엇을 어떻게 하시든지 전적으로 그분께 동의하게 된다.

하나님의 평강에 의하여 우리가 치유를 받아야 할 것 중 하나는 자신의 거룩을 위해 뭔가를 하려는 참을성 없는 성격이다.

"나는 자신을 거룩하게 할 수 있다. 이것저것 잘라내기만 하면 나는 거룩하게 되겠지."

하지만 그렇지 않다. 바울에 의하면 '평강의 하나님이 친히' 우리를 온전히 거룩하게 하신다. 평강의 하나님이 당신을 잠잠하게 이끄시는가? 아니면 당신은 여전히 소란을 피우며 애쓰고 있는가? 아직도 고집을 부리며 자신의 정신력과 의지력을 믿고 있는가? 여전히 당신이 원하는 것들을 고집하며 갈등하고 있는가?

> "평강의 하나님이 친히 너희를 온전히 거룩하게 하시리라" 살전 5:23.

만일 우리가 거룩해지면 이는 하나님께서 친히 하나님의 평강으로 역사하신 것이다. 성도의 삶을 살게 하는 능력은 자신에게서 나오는 것이 아니라 오직 평강의 하나님의 마음으로부터 오는 것이다.

"쉬지 말고 기도하라"는 것은 거룩을 위해 쉬지 말고 기도하라는 뜻이다. 하나님께서 우리를 거룩하게 하실 수 없다는 뿌리 깊은 의심은 오직 쉬지 않고 기도해야만 제거될 수 있다. 이러한 악한 의심을 제거하고 하나님 앞에서 바르게 설 때 하나님께서는 우리의 눈을 열어 주께서 친히 그 사역을 홀로 이루신 것을 보게 하신다.

우리가 우리의 연약한 노력을 의지할 때
우리의 피곤함은 끝이 없다네.
그러나 무조건 주께 순복할 때
하나님의 평강이 우리에게 임한다네.

평강의 하나님의 위대한 능력은 최상의 거룩을 목표로 하는 영혼 속에 잠잠히 임한다. 그러나 대부분의 사람들의 마음은 번잡하기 때문에 거룩이 무엇인지 전혀 감도 잡지 못한다. 물론 시끄럽게 떠드는 영혼이라고 해서 반드시 그 영혼이 번잡한 것은 아니다. 기쁨이나 소란을 표현하지 않을 만큼 지독할 정도로 아무 말도 하지 않는 사람들 중에도 얼마든지 그 영혼은 의심으로 가득 찰 수 있다.

종합적 진리의 귀중함

우리가 하나님 앞에서 잠잠하게 되고 기꺼이 주께서 원하시는 대로 하기를 바랄 때, 주님은 우리에게 종합적 진리를 알려주신다.

"또 너희 온 영과 혼과 몸이 … 흠 없게 보전되기를 원하노라" 살전 5:23.

이 의미는 주께서 당신을 흠이 없는 고결한 상태로 보전하시겠다는 뜻이다. 고결함이란 손상된 곳 없는 상태, 특히 하나님이 보시기에 책망할 것이 없는 상태를 말한다. 바울은 일시적이면서 동시에 지속적인 거룩을 위하여 기도하고 있다. 일시적이면서 지속적인 거룩의 상태란, 계속적으로 흠이 없이 고결한 상태를 우리 주 예수 그리스도께서 강림하실 때까지 보전하는 것을 의미한다. 대부분의 사람들은 이 위대한 종합적 진리에 마음을 다 쏟지 않기 때문에 기껏해야 거룩을 회심의 두 번째 현상 정도로만 본다. 그러나 거룩이란 오직 하나님의 존전에서 그 위대한 의미를 가진다. 거룩은 그리스도의 생명을 얻은 후에 그리스도를 닮는 것이다. 종합적 진리는 '온 영과 혼과 몸'에 있어서의 거룩의 비결을 알려준다.

신비한Mystical '영'

"너희 온 영이 흠 없게 보전되기를 원하노라."

영spirit이란 성령과 구별되는 각 사람의 영을 말한다. '너희 온 영'은 한 사람의 '인격성'으로서 그 인격성은 하나님 안에서 최고의 신비 영역까지 도달할 수 있다. 당신의 상상과 말로 표현할 수 없는 환희와 환상, 그리고 두려움까지 줄 수 있는 꿈은 어디에 위치해 있는가? 현대 심리학이 말하는 잠재의식, 초월의식은 어느 영역에 속하는가? 이러한 것들은 우리가 헤아릴 수 없는 신비한 영역에 속한다. 성령의 위대한 신비 사역은 우리가 닿을 수 없는 아주 희미한 인격성의 영역에서 나타난다. 만일 이 영역이 어떠한지 알고 싶다면 시편 139편을 묵상해보라.

> "이 지식이 내게 너무 기이하니 높아서 내가 능히 미치지 못하나이다 내가 주의 영을 떠나 어디로 가며 주의 앞에서 어디로 피하리이까 내가 하늘에 올라갈지라도 거기 계시며 스올에 내 자리를 펼지라도 거기 계시니이다 내가 새벽 날개를 치며 바다 끝에 가서 거주할지라도 거기서도 주의 손이 나를 인도하시며 주의 오른손이 나를 붙드시리이다 내가 혹시 말하기를 흑암이 반드시 나를 덮고 나를 두른 빛은 밤이 되리라 할지라도 주에게서는 흑암이 숨기지 못하며 밤이 낮과 같이 비추이나니 주에게는 흑암과 빛이 같음이니이다 주께서 내 내장을 지으시며 나의 모태에서 나를 만드셨나이다 내가 주께 감사하옴은 나를 지으심이 심히 기묘하심이라 주께서 하시는 일이 기이함을 내 영혼이 잘 아나이다" 시 139:6-14.

하나님께서 주의 평강을 주시면 우리는 주의 전능하신 능력을 통해 어마어마한 거룩을 깨닫게 된다. 당신은 하나님께서 우리의 상상까지도 보호하신다는 사실을 믿는가? 우리가 닿을 수 없는 신비의 영역까지 주께서 거룩하게 하시는 것이다. 당신은 하나님께서 빛 가운데 거하심같이 우리도 빛 가운데 걸을 수 있도록 예수 그리스도의 보혈이 우리를 모든 죄로부터 깨끗하게 함을 깨닫는가? 예수 그리스도의 보혈이 우리가 의식할 수 있는 죄만 깨끗하게 하였다고 생각하지 말라. 이러한 제한된 생각은 하나님께 큰 모독이 될 것이다. 죄로 인하여 무디어진 사람들만이 죄를 의식하지 못한다. 예수님의 보혈로 죄씻음을 받게 되면, 이는 우리의 영혼 가장 깊은 곳까지 씻김을 받은 상태로서 하나님께서 빛 가운데 계심같이 우리도 빛 가운데 걸을 수 있는 상태가 되는 것이다.

우리 중에 엄청난 거룩에 관한 계시, 곧 그리스도 안에서 하나님과 같아지는 상태의 거룩을 충분히 깨닫는 자는 거의 없다. 만일 우리가 바울이 말한 '너희의 온 영'의 그 위대한 거룩의 개념을 붙든다면, 사탄의 '거짓 거룩'의 개념에 의해 그릇된 길로 빠지는 자들은 거의 없게 될 것이다. '너희의 온 영'의 거룩이란, 하나님만이 아시는 그 사람의 희미한 '인격성'의 시작으로부터 그 '인격성'의 가장 높은 상태에 이르는 경지까지 하나님의 평강이 '온 영'을 보호하심을 의미한다.

이성적인 Moral '혼'

"너희 온 혼이 흠 없게 보전되기를 원하노라."

신비주의 종교를 세우려는 사람들이 있다. 신비주의란 스스로 신비를 구하는 것이다. 거룩해진 모든 영혼은 신비한 존재이다. 그러나 그들은 신비한 영역에만 거하지 않는다. 그들은 영과 혼과 몸이기에 신비한 영역에서 참인 것은 도덕적인 영역에서도 참이 된다. 혼이란 사람의 영이 몸 안에서 자신을 설명하기 위해 이성적으로 되는 것이다.

어린아이가 뭔가를 설명하고 싶지만 마땅한 단어를 떠올리지 못하면 몸짓과 얼굴 표정으로 말한다. 사람의 영은 표현될 수 없기 때문에 그 표현의 방법으로 나타나는 것이 혼이다. 바울은 온 영뿐 아니라 온 혼이 흠 없이 보전되기를 원하였다. 당신은 그리스도의 마음을 형성하고 있는가? 챔버스는 사람이 그리스도의 마음을 형성하는 과정을 그리스도의 영이 우리를 통해 표현되는 것이라고 보고, 이를 혼에게 속한 것으로 본다-역주. 거듭난 사람에게는 이미 그리스도의 영이 그 사람 안에 있지만 그가 그리스도의 마음을 형성하기까지는 그리스도의 마음은 없는 것이다. 그러면 어떻게 그리스도의 마음을 형성하는가? 성령으로 하여금 주의 말씀을 통해 우리의 영과 생각과 이성적인 기능에 역사하도록 하는 것이다. 그러면 우리는 예수님처럼 생각하기 시작하고 예수님의 마음을 알게 되며 그 마음을 형성하게 된다. 예수 그리스도의 생명을 채우셨던 성령께서 천천히 그러나 확실하게 우리의 생명도 채우실 것이다.

거룩은 영적인 부분뿐 아니라 이성적인 부분에도 영향을 미친다. 그러므로 우리의 생각과 논리적인 능력도 거룩해진다. 역사를 어떻게 보는가? 역사 뒤에서 모든 것을 주관하시는 하나님의 손길을 보는가? 전쟁과 피로 가득한 이 시대의 상황들을 어떻게 설명하는가?

> "다시는 낮에 해가 네 빛이 되지 아니하며 달도 네게 빛을 비추지 않을 것이요 오직 여호와가 네게 영원한 빛이 되며 네 하나님이 네 영광이 되리니" 사 60:19.

당신 안에 있는 내면의 빛이 당신의 이성적인 혼을 인도할 때 이해할 수 없었던 매일의 사건들과 상황들이 이해되기 시작한다. 하나님의 마음을 이해하고 그 마음을 의지하는 겸손하고 평범한 주의 백성들은, 하나님의 영이 없이 자신들의 이성과 논리만 가지고 따지는 사람들이 결코 설명할 수 없는 일들을 자연스럽게 설명할 수 있게 된다.

물질적인 Material '몸'

"너희 온 몸이 흠 없게 보전되기를 원하노라."

사람은 신비한 존재요 이성적인 존재일 뿐 아니라 물질적인 존재이다. 몸이 있기 때문에 거룩에 있어서 더 진전할 수 없다고 말하지 말라. 사도 바울에 의하면 몸은 말로 다할 수 없이 거룩한 것이다. 성경은 몸이 저주를 받았기 때문에 영적 성장과 믿음에 방해가 된다고 말하지 않는다. 오히려 성경은, 사람의 몸은 성령의 전이라고 말한다.

> "너희 몸은 너희가 하나님께로부터 받은바 너희 가운데 계신 성령의 전인 줄을 알지 못하느냐"고전 6:19.

따라서 삶의 모든 영역 속에서 우리의 온 몸은 성령의 전으로서 흠 없이 보전되어야 한다.

오직 하나님의 평강이 우리에게 임할 때, 성령의 놀라운 거룩케 하시는 역사가 사람을 흠 없게 보전한다. 곧 우리의 영과 혼과 몸을 성령께서는 주님이 오시는 그날까지 흠이 없는 고결함 가운데 지키시는 것이다. 처음으로 영적인 훈련이 시작될 때 우리는 보통 이 세 가지 영역 중 하나에 특별한 관심을 쏟는 경향이 있다. 그러면 사탄은 우리가 관심을 쏟지 않는 다른 영역들에 침투하려고 기회를 엿본다. 예를 들어, 만일 우리가 영적인 분야에 신경을 쓰면 사탄은 우리의 몸과 혼에 관련한 부분들에 침투하려고 한다.

거룩은 우리가 하나님과 온전한 관계를 맺는 순간부터 일시적이면서 연속적인 하나님의 역사이다. 거룩은 즉시 영과 혼과 몸의 모든 영역에서 나타난다. 이 시대의 교회는 이러한 종합적 진리를 깨닫지 못하고 있다. 따라서 하나님께서는 이 진리를 알리려고 교회 역사 속에서 주의 종들을 깨우신다. 이러한 종합적 진리를 통해 거룩의 체험을 동반하며 이 강렬하고 생생한 거룩에 관한 깨달음을 얻을 때, 교회는 주님 오시는 그날까지 더 많은 성도들의 '온 영과 혼과 몸'이 흠 없이 보전되도록 도울 것이다.

 오 주님, 제 몸이 연약해지니 주를 향한 저의 마음도 연약해집니다. 그러나 제 영과 마음이 주 안에서 기뻐하니 다시 제 몸이 소망 가운데 쉼을 얻습니다. 오 주님, 제 몸을 만지소서. 그리하면 제 몸은 주님의 손길에 놀랍게 반응할 것입니다.
 저를 이 시대의 감각적인 것으로부터 보호하소서. 제 마음이 오직 왕 되신 주 앞에만 있게 하소서.
 오 주님, 거룩을 나타내지 못하는 제 모습으로 인하여 마음이 상합니다. 제가 주께 말로 다할 수 없는 감사를 거룩 외에 무엇으로 표현하겠습니까? 오 주님, 주님을 바라봄으로 제가 다시 빛나게 하소서.
 오 주님, 주님을 찬양하며 주님께 영광을 돌립니다. 제 몸이 연약할 때에 주를 찬양함이 어찌나 어려운지요. 그러나 제 영혼은 제 몸이 연약할지라도 주를 향하여 찬양합니다. 오 주님, 제 영혼이 언제나 주를 찬양케 하소서.

예수님의 이름으로 기도드립니다. 아멘.

9장
주님의 이름으로 드려지고
약속받는 기도

❧

"그날에는 너희가 아무것도 내게 묻지 아니하리라 내가 진실로 진실로 너희에게 이르노니 너희가 무엇이든지 아버지께 구하는 것을 내 이름으로 주시리라" 요 16:23.

분명한 실현

'그날'은 오순절부터 시작하여 주님의 재림까지 이어지는 날이다. 주님께서는 제자들에게 그분이 곧 아버지께로 가실 것이라고 말씀하시며 그 의미가 무엇인지 설명하셨다. 예수님에 관한 한, 이 의미는 주님이 무소부재하시고 전능하시며 전지하시다는 뜻이다. 제자들은 '그날'까지 예수님께 물었지만, 예수님께서는 "그날에는 너희가 아무 것도 내게 묻지 아니하리라"고 말씀하신다. 예수님께서 말씀하시는 '그날'은 바로 성령께서 이 땅에 임하신 오순절 날이었다. 우리는 얼마나 멋진 날에 살고 있는가!

확실한 계시

부활 이후 주님은 당혹감과 혼동과 궁금증으로 가득한 충성된 제자들에게 숨을 내쉬며 말씀하셨다.

"성령을 받으라" 요 20:22.

이때 요한 및 누가의 기록을 보면 그들의 눈이 열렸고 그들이 예수님을 알았다고 말한다. 그때 그들이 깨닫게 되었고 성경을 알게 되었다. 그들은 부활하신 주님으로부터 주님을 주관하던 성령을 받았다는 사실을 알게 되었고 그들의 내면 세계는 활짝 열리게 되었다.

지금 우리가 사는 세상에서 전쟁으로 인해 수없이 많은 생명이 죽어가고 있는 이때, 아무런 당혹감이 없이 침착할 수 있는가? 침착함은 팔짱을 끼고 아무 생각도 없이 가만히 있다는 의미가 아니라 오히려 고결하면서도 실질적인 의미를 지닌다. 우리 생명의 가장 깊은 곳에서 우리가 아는 것은, 하나님께서는 살아계시며 성령께서는 주님을 나타내셔서 서서히 우리를 주님의 권면으로 인도하신다는 사실이다.

정확하게 이루어진 주님의 말씀

"그가 스스로 말하지 않고 오직 들은 것을 말하며 장래 일을 너희에게 알리시리라" 요 16:13.

이 구절은 성령을 받은 자마다 하나님께 주의 비밀을 알려달라고 요구할 수 있다는 뜻이 아니다. 이 뜻은 성령을 받는 자는 예수 그리스도와 함께 하나님의 어전 God's counsels 에 들어갈 수 있는 특권을 얻었다는 뜻이다. 무섭고 악한 일들과 분통이 터지는 상황 속에서 성령을 받은 자들에게는 주님의 내면의 깊은 비밀이 함께한다는 말씀이다.

주님은 "사람들이 너희를 출교할 뿐 아니라 때가 이르면 무릇 너희를 죽이는 자가 생각하기를 이것이 하나님을 섬기는 일이라 하리라" 요 16:2고 말씀하셨다. 이 구절에서 우리는 성령을 받는다고 해서 우리의 삶에서 외적 환란이 제거된다는 의미가 아님을 알 수 있다. 그럼에도 불구하고 우리에게 허락된 분명한 계시는, 그리스도께서 아버지의 마음과 생각을 아셨던 것같이 주께서는 우리의 영혼을 주님과 함께 하늘로 이끄셔서 우리로 하나님의 마음속에 있는 계획과 뜻을 알 수 있도록 하셨다는 것이다.

만일 우리가 예수 그리스도와 동행하여 왔다면, 우리는 모든 것을 분명하게 알게 되는 계시의 날을 맞이하게 될 것이며 그날 이후로 우리는 요한이 말한 것과 같은 상태에 이르게 될 것이다.

"너희는 거룩하신 자에게서 기름부음을 받고 모든 것을 아느니라"
요일 2:20.

요한은 "너희는 주께 받은바 기름부음이 너희 안에 거하나니 아무도 너희를 가르칠 필요가 없고 오직 그의 기름부음이 모든 것을 너희에게 가르치며"라고 말하였다요일 2:27. 이 구절은 매우 실질적이고 합리적인 내용으로서, 당신이 듣고 읽는 모든 것을 내적 기름부음 곧 내주하시는 성령에 의해 시험하라는 말씀이다. 성령은 하나님의 모든 진리를 분별해 내실 것이다.

아무도 방해할 수 없는 관계

"내가 진실로 진실로 너희에게 이르노니 너희가 무엇이든지 아버지께 구하는 것을 내 이름으로 주시리라"요 16:23.

'그날'은 분명한 계시의 날일 뿐 아니라 하나님과 우리 사이의 관계가 그 무엇에 의해서도 방해받을 수 없는 날이다. 주님께서 아버지 하나님 앞에서 아무 흠이 없이 서신 것처럼, 우리도 내주하시는 성령의 강한 역사에 의해 하나님 앞에 동일한 관계로 설 수 있게 될 것이다.

"너희가 무엇이든지 아버지께 구하는 것을 내 이름으로 주시리라" 요 16:23.

"우리가 하나가 된 것같이 그들도 하나가 되게 하려 함이니이다"요 17:22.

'내 이름'의 뜻은 '내 속성 안에서' 아버지께서 주신다는 의미이다. 성령으로 거듭날 때, 우리는 하나님과 관계를 맺게 되고 예수님과 함께 하나님의 가족이 된다. 이 모든 것은 주 예수 그리스도의 놀라운 속죄에 의해 가능하다. 그러므로 우리 역시 하나님과 그 무엇에 의해서도 방해받을 수 없는 관계를 맺게 된 것이다.

그 모습 그대로 인정하심

"아버지께 구하는 것을 내 이름으로 주시리라" 요 16:23.

예수님은 하나님께서 우리의 기도를 인정해주실 것이라고 말씀하셨다. 얼마나 도전적이고 위로가 되는 말씀인가! 그런데 예수님께서는 그렇게 말씀하실 자격이 있는가? 이 부분을 잠깐이라도 깊게 생각해본 적이 있는가? 예수님께서 이 말씀을 통해 함축적으로 의미하는 바는 무엇인가? 주의 부활의 능력, 승천의 능력, 그리고 이 땅에 내려오신 성령의 능력에 의하여, 주께서 우리를 높이 올리셔서 하나님과 관계를 맺게 하심으로 이제 우리를 우리의 자발적인 선택으로 하나님의 완전하시고 주권적인 뜻에 하나가 되게 하시려는 것인가? 주님은 진심으로 위의 말씀을 하신 것이다.

"지금까지는 너희가 내 이름으로 아무것도 구하지 아니하였으나" 요 16:24.

주께서 놀라우신 성령을 보내시기 전까지 그들은 주님의 이름으로 그 무엇도 구할 수 없었다. 그러나 지금은 "구하라 그리하면 받으리니 너희 기쁨이 충만하리라" 요 16:24는 말씀에 의지한다. 이제 주님께서 "그날에는 너희가 아무것도 내게 묻지 아니하리라" 요 16:22고 말씀하신 이유를 이해할 수 있게 되었다. 바로 그날에 성령께서 예수 그리스도를 영화롭게 하셨으며 그들에게 주님을 보이셨고 주님께서 말씀하셨던 것들을 기억나게 하심으로 그 의미를 깨닫게 해주셨기 때문이다.

영광의 구름이 성도의 주변에 임할 때, 그 구름은 하나님 아버지의 발의 먼지 밖에 되지 못한다. 그림자가 무서울 정도로 짙게 깔릴 때 성도들은 구름 속으로 들어가면서 매우 두려워한다. 그러나 바로 그때 그들은 "아무도 보이지 아니하고 오직 예수와 자기들"만 있는 것을 발견한다. '그날'에 이 엄청난 상황 가운데 그곳에 놓이게 될 때, 우리는 성령에 의해 우리에게 선물로 주어진 예수 그리스도의 속성에 따라 하나님 아버지께 기도드릴 수 있다. 바로 이때의 기도가 '주님의 이름으로' 드려지고 주의 약속대로 이루어지는 기도이다.

"내가 진실로 진실로 너희에게 이르노니 너희가 무엇이든지 아버지께 구하는 것을 내 이름으로 주시리라" 요 16:23.

　　오 주님, 당신은 거룩하시며 전능하신 저의 하나님이십니다. 당신은 모든 것을 아름답게 이루십니다. 이 시대에 주님을 우리에게 보여주소서. 저도 주를 뵙기를 간절히 열망합니다. 저를 주께로 이끄셔서 주님을 알게 하시고 귀한 사귐을 나누게 하소서.

　　주님, 주를 찬양하며 감사드립니다. 저를 위해 드려지는 수없이 많은 기도로 인해 천국에 있는 것처럼 안전함을 느낍니다. 쓰러지는 전우들을 주의 은혜에 의탁합니다.

　　오 주님, 우리의 생각이 너무나 짧고 얕아서 어려움을 당하면 주께 불평할 때가 많습니다. 또한 이 불평은 영적 대화의 풍성함을 파괴하고 어렵게 합니다. 이러한 불평하는 마음으로부터 우리를 구원하여 주소서. 우리의 마음이 하나님 안에 숨겨진 그리스도와 함께하게 하소서.

　　예수님의 이름으로 기도드립니다. 아멘.

10장
나를 훈련하고
하나님의 주권을 인정하는 기도

"아브라함이 가까이 나아가 이르되 주께서 의인을 악인과 함께 멸하려 하시나이까 그 성 중에 의인 오십 명이 있을지라도 주께서 그 곳을 멸하시고 그 오십 의인을 위하여 용서하지 아니하시리이까 주께서 이같이 하사 의인을 악인과 함께 죽이심은 부당하오며 의인과 악인을 같이 하심도 부당하니이다 세상을 심판하시는 이가 정의를 행하실 것이 아니니이까 여호와께서 이르시되 내가 만일 소돔 성읍 가운데에서 의인 오십 명을 찾으면 그들을 위하여 온 지역을 용서하리라 아브라함이 대답하여 이르되 나는 티끌이나 재와 같사오나 감히 주께 아뢰나이다 오십 의인 중에 오 명이 부족하다면 그 오 명이 부족함으로 말미암아 온 성읍을 멸하시리이까 이르시되 내가 거기서 사십오 명을 찾으면 멸하지 아니하리라 아브라함이 또 아뢰어 이르되 거기서 사십 명을 찾으시면 어찌하려 하시나이까 이르시되 사십 명으로 말미암아 멸하지 아니하리라 아브라함이 이르되 내 주여 노하지 마시옵고 말씀하게 하옵소서 거기서 삼십 명을 찾으시면 어찌하려 하시나이까 이르시되 내가 거기서 삼십 명을 찾으면 그리하지 아니하리라 아브라함이 또 이르되 내가 감히 내 주께 아뢰나이다 거기서 이십 명을 찾으시면 어찌하려 하시나이까 이르시되 내가 이십 명으로 말미암아 그리하지 아니하리라 아브라함이 또 이르되 주는 노하지 마옵소서 내가 이번만 더 아뢰리이다 거기서 십 명을 찾으시면 어찌하려 하시나이까 이르시되 내가 십 명으로 말미암아 멸하지 아니하리라 여호와께서 아브라함과 말씀을 마치시고 가시니 아브라함도 자기 곳으로 돌아갔더라"창 18:23-33.

중보기도를 드릴 때 가장 방해가 되고 어려운 것은 바로 나 자신이다. 중보기도를 드리기 위해 제일 먼저 해야 하는 일은 자신을 훈련하는 것이다. 나의 첫째 의무는 자유를 주장하지 말고 완벽한 주인을 모시는 것이다. 우리는 주인이 없는 삶을 매우 고상한 삶으로 생각하는 경향이 있다. 물론 반항적이고 무례한 사람들에게는 주인이 없다. 그러나 고결한 사람에게는 주인이 있다. 우리는 자신을 너무 대단하게 생각하는 경향이 있다. 그래서 스스로 자신에게 주인이 되고 기도도 자신에게 한다.

　중보기도를 제대로 하려는 마음자세를 배우기까지는 우리 모두 바리새인들이다. 우리는 보이지 않게 천국을 위해 일해야 한다. 이는 눈으로 사역하는 것이 아니라 기도로 사역하는 자리까지 성장해야 한다는 뜻이다. 바르게 기도함으로써 주의 뜻을 이루는 것은 매우 어렵고 귀한 훈련이다. 그리스도인의 의무는 자신이나 다른 사람을 위한 것이 아니고 오직 그리스도를 위한 것이어야 한다. 우리는 기도를 어떤 사역을 위한 준비 혹은 그 사역을 마무리하기 위하여 주께 요청하기 위한 수단이라고 생각한다. 그러나 기도는 본질적으로 사역 그 자체이다. 우리 인격성 내에서 진행되는 가장 고결한 활동은 기도이다. 우리는 기도를 통해 우리가 본 주님의 영광과 비전을 이 땅으로 가지고 와야 한다. 그러나 많은 사람들이 묵상에만 전념하려고 한다. 기도를 통해 주께서 주신 깨달음들을 이 땅에 실현하거나 현실 속에 나타내려는 모습은 많지 않다.

중보기도의 능력과 제한

"누구든지 형제가 사망에 이르지 아니하는 죄 범하는 것을 보거든 구하라 그리하면 사망에 이르지 아니하는 범죄자들을 위하여 그에게 생명을 주시리라 사망에 이르는 죄가 있으니 이에 관하여 나는 구하라 하지 않노라"요일 5:16.

어떤 사람이 사망에 이르는 죄를 지었는지의 여부를 어떻게 알 수 있을까? 오직 중보기도를 통해 알 수 있다. 만일 우리 스스로 이 문제를 판단하려 한다면 우리는 큰 실수를 범하게 된다. 종종 이러한 실수를 하는 자들은 하나님과 관련 없는 추상적인 진리에 따라 행동하는 자들이다. 우리는 종종 하나님보다 그분이 하신 일에 우리의 믿음을 두려는 경향이 있다. 또한 일이 잘못되는 것처럼 보이면 중보기도를 하기보다 하나님께 불평한다.

자기 생각에 도취되어 맹신에 빠지는 사람도 있다. 그들은 "저는 반드시 이 일을 해야 합니다"라고 기도한다. 그러나 이러한 기도는 하나님의 뜻에 어긋나는 것이며 하나님의 보좌를 시끄럽게 할 뿐이다. 이러한 기도는 중보기도가 아니다. 이러한 기도는 천사가 지나가면서 기도의 대접에 담기를 두려워하는 기도이다. 또한 하나님의 성품을 배우려는 자세는 없고 오직 자신의 뜻을 관철시키려는 비정상적인 정열을 가지고 하나님의 보좌를 몰아세우며 하나님께서 자신의 기도를 듣고 행하셔야 한다고 믿는 기도이다.

하나님께서 과거에 어떤 일을 행하셨다고 해서 항상 똑같은 패턴으로 일하실 것이라고 제한하지 말라. 주님께서 과거에 어떤 일을 하셨기 때문에 다시 그 일을 하실 것이라는 보장은 없다. 하나님을 제한하고 종종 하나님이 어떤 분이신지를 망각한 채 과거에 그 일을 하셨으니 이번에도 반드시 또 그렇게 하시라고 강요하는 것이다. 우리는 아무런 잘못된 자각이나 느낌도 없이 얼마나 열심히 이러한 잘못된 기도를 드리는지! 열광적인 기도! 그러나 아무런 능력과 절제가 없는 기도! 자신의 열정에 너무나 사로잡힌 나머지 우리의 눈에는 하나님도 보이지 않더니 마침내 기도를 통해 하나님께 명령을 내리고 있는 것이다!

우리 주 예수 그리스도께서 속죄를 통해 이루신 구속은 모든 것을 포용한다. 따라서 죄와 병마와 인간의 한계와 죽음 등은 구속 안에서 다 해결된다. 그러나 우리가 기억해야 하는 것은, 속죄의 역사는 하나님의 주권에 따라 주님의 때에 실현된다는 사실이다. 이것은 지금 세대에서 사람이 죄로부터 구원을 받는 문제를 허용할 것인지에 대한 하나님의 주권을 말하려는 것이 아니다. 성경이 말하는 하나님의 자명하신 뜻은 우리가 구원받는 것이다. 그러나 병마 및 인간의 한계를 벗어나는 일들의 발생은 하나님의 주권에 달려 있다. 즉, 속죄의 효력이 지금 우리에게 닥친 문제에 나타나는 것은 주님의 주권에 속해 있다. 따라서 이 문제를 해결할 것인가의 결정은 내 뜻에 있지 않고 하나님의 뜻에 있다.

속죄의 효력을 오해한 사람들 중에는 "이제 속죄를 통하여 구원을 받았으니 나는 아프지 않겠지"라고 말하는 사람들이 있다. 이들이 근본적으로 혼돈스러워하는 것은, 성경이 말하는 치유는 저절로 나타나는 것이 아니라 하나님의 주권에 의하여 주께서 친히 간섭하신다는 사실이다. 따라서 주께서 만져주셔야 한다. 한편 죄로부터의 구원은 이러한 구체적인 주님의 간섭의 문제가 아니라 우리가 예수님의 속죄를 받아들였느냐에 대한 문제이다. 이러한 진리를 잊은 경우, 우리는 영혼 구원의 문제와 현실의 문제를 혼동함으로써 많은 사람들에게 바리새인적인 부담을 안겨주게 된다.

논리적으로 볼 때 바리새인적인 사고는 완벽하게 맞다. 즉, 속죄 안에서는 모든 것이 완전해야 한다. 그렇다면 그들 말대로 속죄 안에서는 병마가 없어야 한다. 죽음도 없어야 한다. 죽을 필요도 없어야 한다. 인간적으로 제한 받는 일도 더 이상 없어야 하고 하나님과의 교제도 완벽해야 한다. 속죄를 받은 사람에게는 건강한 몸도 보장되어야 한다. 이러한 가르침은 '현재 부활체'를 가르치는 자들의 사고와 매우 잘 조화를 이룬다. 그러나 '현재 부활체'라는 가르침이 얼마나 도덕적인 문제를 일으키는지! 이 가르침은 온 땅을 돼지우리로 만들고 있으며 모든 기독교를 익살 또는 장난으로 만들어놓고 있다. 이 모든 문제의 원인은 바로 하나님을 믿지 않는 대신에 자신들이 유추한 추상적인 진리를 믿기 때문이다. 이것은 자신의 생각에 도취된 맹신일 뿐이다.

아브라함에게는 이러한 맹신이 없었다. 그는 주님께서 말씀하신 내용을 추상적인 진리로 만들어 맹신한 일이 없었다. 그는 언제나 말씀을 하시는 하나님을 믿었다. 하나님께서 말씀하셨다.

"이삭을 바치라."

그리고 다시 말씀하셨다.

"안 된다."

만일 맹신자라면 이렇게 말하였을 것이다.

"전에 말씀하신 대로 그냥 하겠습니다. 나중에 하신 말씀은 사탄의 음성으로 간주하겠습니다."

우리는 하나님께 어떻게 해달라고 요구한 우리의 요구와는 정반대로 하나님의 섭리가 진행될 수 있다는 사실을 항상 기억해야 한다. 우리가 배워야 할 매우 중요한 교훈 중 하나는, 그리스도의 속죄와 섭리가 이 시대 속에서 어떠한 방법으로 나타날지를 안다고 주장하는 사람들에게 하나님의 심판이 있을 것이라는 사실이다. 물론 하나님께서는 역사 속에서 그리스도의 속죄로 인한 많은 기적들을 베푸셨다. 특히 병고침 같은 기적이 많았다.

그러나 하나님께서 과거에 그렇게 하셨기 때문에 지금도 그렇게 하셔야 한다고 주장해서는 안 된다. 그렇게 하는 것은 기도가 아니다. 왜냐하면 이러한 기도를 할 경우 나는 기도를 통하여 하나님께 명령하는 자가 되기 때문이다. 만일 어떤 사람이 아프면 기도하라. 기도하지 않으면서 "구원 받았으니 아프지 않을 거야"라고 말하지 말라. 기도를 멈춘다는 것은 하나님과의 대화가 차단되는 것을 의미한다. 한편 우리가 기도했으니 하나님께서는 이 사람을 반드시 치유하셔야 한다고 주장하지 말라. 단지 간절히 기도를 드린 후에 주의 주권 가운데 역사하시도록 맡겨라.

중보기도에 있어서 지혜와 순종

"그러므로 그들을 본받지 말라 구하기 전에 너희에게 있어야 할 것을 하나님 너희 아버지께서 아시느니라"마 6:8.

기도의 응답은 하나님을 이해하게 되는 것이다. 기도를 통해 우리가 하나님께 무엇인가를 받게 되는 것은 우리에게 주시는 하나님의 너그러운 선물이다. 하나님께서 우리가 원하는 것을 주시기를 멈추실 때는 주께서 우리가 주님을 이해하기를 원하실 때이다. 우리는 우리가 구하는 모든 것을 받는다면 주님을 제대로 알 수 없다. 주님을 단지 우리에게 축복을 주는 기계로 알고 찾게 될 뿐 주님의 성품에 대해 전혀 알지 못한다.

"이 모든 것은 세상 백성들이 구하는 것이라 너희 아버지께서는 이런 것이 너희에게 있어야 할 것을 아시느니라"눅 12:30.

아버지께서 다 알고 계신다면 우리는 왜 기도해야 하는가? 그 이유는 바로 하나님 아버지를 알기 위해서이다. "오 그렇습니다. 하나님은 사랑이 많은 분이십니다"라고 말하는 것으로는 충분하지 않다. 우리는, 하나님은 사랑이심을 '알아야' 한다. 우리는 주께서 사랑이시며 공의로운 분이심을 '알 때까지' 기도로 노력해야 한다.

중보기도를 통하여 하나님께 더 가까이 갈수록 아브라함은 자신의 무가치함을 더 많이 인식하게 되었다. 아주 간교한 차원에서 자신은 무가치하다고 말하면서 하나님 앞에서 교만한 자세를 가지고 까다롭게 행동하는 사람들이 있다. 이러한 사람들이 종종 다른 사람 앞에서 멋쩍어 하는 이유는 자신이 그들보다 낫다고 믿기 때문일 때가 많다. 일반적으로 쑥스러워하는 사람들은 상대가 자신을 중요하게 인정해줄 때까지 말을 하지 않는다.

하나님께 기도하지 않는 것도 같은 이유 때문일 때가 있다. 우리는 하나님 앞에서 머뭇거린다. 그런데 사실 그 이유는 스스로 가치가 없다고 인정하기 때문이 아니라 하나님께서 자신을 특별히 고려해주지 않으신다고 생각하기 때문이다. 나는 다른 사람보다 나은 것이 있기에 주께서 더 많이 챙겨주셔야 한다고 생각하는 것이다. 이러한 사람은 자신에 대한 허상에서 빠져나올 수 있는 훈련을 받아야 한다. 그래서 진정으로 자신의 무가치함을 깨닫고 더 이상 하나님 앞에서 주저하지 말아야 한다. 어린아이들은 부모들 앞에서 절대로 어색해 하지 않는다. 하나님의 자녀들도 주님을 온전히 의지하는 가운데 하나님의 자녀로서의 가치를 의식해야 한다.

"아브라함이 또 이르되 주는 노하지 마옵소서 내가 이번만 더 아뢰리이다 거기서 십 명을 찾으시면 어찌 하려 하시나이까 이르시되 내가 십 명으로 말미암아 멸하지 아니하리라"창 18:32.

　여호와께서 마지막 대답을 하실 때까지 아브라함은 계속 중보기도를 하였다. 그러나 마지막 답변을 들은 후에는 기도를 멈추었다. 아브라함은 중보기도를 통해 하나님과 온전하고 깊은 대화를 나누었기 때문에 자신의 중보기도를 멈추어야 하는 시점을 알 수 있었다. 당신의 삶에 어려움이 찾아오면 당신은 홀로 동굴로 숨어 들어가서 왜 이러한 어려움을 겪는지 이해할 수 없다고 투덜거리는가? 우리는 중보기도를 통하여 그러한 어려움들을 이해할 수 있게 된다. 우리 눈에 지금은 당장 보이지는 않지만 하나님께서는 우리의 중보기도를 통해 역사하신다. 따라서 중보기도를 통해 우리는 하나님의 성품을 더욱 더 알게 된다. 하나님께서는 예수 그리스도께서 이루신 그 위대한 구속과 우리의 중보기도를 통해 계속적으로 이 세상에서 새로운 창조의 사역구원 사역을 이루어 가신다. 중보기도를 할 때 우리는 하나님 앞에서 무례하지 않도록 주의해야 하며 현명하게 기도할 수 있어야 한다.

중보기도의 담대함과 끈질김

　"내가 너희에게 말하노니 비록 벗됨으로 인하여서는 일어나서 주지 아니할지라도 그 간청함을 인하여 일어나 그 요구대로 주리라" 눅 11:8.

끈질김이란 더 이상 앉아 있을 수 없을 때까지 자신을 채찍질하고 꾸짖으며 쳐 복종시키는 것이다. 결코 스스로 '이 정도면 됐다'라고 안위하지 말고 오직 하나님께서 위로를 주실 때까지 기도하라. 주께서는 "항상 기도하고 낙심하지 말아야 할 것을" 비유로 말씀하셨다눅 18:1. 다른 사람들이 자신들의 바쁜 일로 정신 없이 지내면 우리도 그들처럼 기도를 멈추고 싶은 마음이 든다.

"하나님께서 주님의 때에 알아서 주시겠지."

그러나 우리가 기도하지 않으면 하나님은 주실 수 없다. 따라서 기도에 힘쓰라. 땀을 흘리며 간절히 기도하라. 구체적으로 기도하라. 그러면 어느덧 "이제 보이는구나"라고 말하게 될 날이 올 것이다. 이 자리까지 와보지 못한 사람들에게 당신의 체험을 말하라. 그들도 중보기도를 알게 될 것이다.

"오, 당신이 분명 믿었어야 하는데"라고 말해도 될까요!
오, 제가 경험한 것을 말할 수만 있다면!
제가 어떻게 말해야,
당신이 그 깨달음을 알 수 있을까요?
오직 주께서 제가 있었던 곳까지

당신을 이끄셔야만 하는 것인가요?

내가 말하고자 하는 핵심은 우리는 기도를 통해 하나님을 이해하게 된다는 사실이다. 영적 어리석음과 갓난아이 상태에 계속 머무는 것은 결코 주의 뜻이 아니다. 하나님의 뜻은 우리가 주의 영광된 자녀들이 되는 것이다. 주님께서는 우리가 주의 영광된 자녀들이 되기 위해 치러야 할 대가를 덜어주지 않으신다. 예수 그리스도께서는 친히 생명을 대가로 치르시고 우리로 하여금 주의 자녀가 되게 하셨다. 이제 주님은 우리에게 우리의 현실 속에서 주의 자녀답게 살라고 요구하신다. 바로 중보기도와 함께하는 삶이다.

당신은 담대한 기도의 삶을 살겠는가? 이 질문은 '발생하는 모든 상황 속에서 하나님을 바르게 이해할 준비가 되어 있는가'라는 질문과 같다. 이 질문에 대한 답은 말다툼이나 변론으로는 얻을 수 없다. 오직 한 가지 방법으로 알 수 있는데, 그것은 바로 기도이다. 계속 기도하라. 하나님께서 주의 성품을 우리에게 분명하게 알리실 때 우리가 하나님의 자녀로서 아버지의 성품을 전혀 모른다는 것은 말이 되지 않는다. 기도를 통해 아버지의 성품을 알도록 하라. 산상수훈은 다른 무엇보다 기도에 관한 내용이다. 산상수훈의 요점은 어떤 것에든지 그리고 모든 것에서 우리의 몸과 마음과 영에 있어서 자기의 만족을 멈추고, 모든 일에 하나님을 이해할 수 있을 때까지 끈질기게 기도하라는 것이다.

중보기도의 희생과 대리성 substitution

"제자들에게 오사 그 자는 것을 보시고 베드로에게 말씀하시되 너희가 나와 함께 한 시간도 이렇게 깨어 있을 수 없더냐" 마 26:40.

주님으로 하여금 우리의 고통 당하는 모습을 보게 하기보다는 오히려 주님과 함께 고통을 감당하는 것은 대단히 귀한 일이다. 문제를 해결하고자 우리는 모든 수단을 동원하려고 하지만 하나님께서는 우리가 주께로 나아와 주님과 함께 그 고통을 감당하기를 원하신다. 그러면 우리는 주님과 온전하게 하나가 되고 나아가 주님께는 아무런 폐를 끼치지 않게 된다. 사실 주님과 함께 고난을 감당하면 주님께 완전한 기쁨을 드리게 된다. 그 이유는 주께서 우리를 돌보시기 위해 하늘의 자원들을 다 동원하는 대신에 당장 우리를 사용하여 고난을 해결하실 수 있기 때문이다.

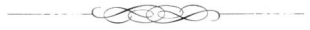

오 주님, 저의 주님, 이 아침에 절망한 심령 가운데 주께 나아옵니다. 주의 은혜로 저를 씻기시고 저를 회복시키셔서 그리스도 예수 안에서 하늘나라를 누리게 하소서. 예수님의 향기로운 친절

하심이 더욱 제 안에서 넘쳐 흐릅니다.

오 주님, 아무 가망성이 없는 가운데 오직 주만 바라보며 의지합니다. 언제나 능력과 평강과 순결과 은혜로 얼굴을 비추시는 예수님으로 인하여 오늘도 다시 영광과 은혜가 넘치옵니다.

오 주님, 제가 주님을 뵙기 원하여 주의 그 무한한 능력과 은혜로운 만지심과 성령의 숨결을 얼마나 구하였는지요. 주님의 은혜만이 제가 주 앞에 설 수 있도록 만듭니다.

예수님의 이름으로 기도드립니다. 아멘.

11장
사역 자체이자
섬김의 열쇠로 받아들이는 기도

"그러므로 추수하는 주인에게 청하여 추수할 일꾼들을 보내 주소서 하라 하시니라" 마 9:38.

이 구절은 그리스도인의 사역에 따른 모든 문제에 열쇠를 제공한다. 아주 간단한 구절이지만 우리 주 예수 그리스도께서 말씀하셨기 때문에 그 내용은 놀랍고 심오하다.

우리 주인Master의 명령

"그러므로 추수하는 주인에게 청하여pray."

기도는 보통 경건의 시간을 위한 것으로 간주되며 일상 생활 가운데 별로 실행할 수 없는 것으로 생각한다. 그러나 주님께서는 기도는 사역을 위한 준비가 아니라 사역 그 자체라고 가르치셨다. 전문 선교를 위해 세워진 의료선교센터, 선교훈련센터 등, 기독교의 사역을 위해 세워진 커다란 조직들로 인해 하나님께 감사한다. 그러나 그러한 조직 내에도 언제나 아무도 해결할 수 없는 문제의 자물쇠가 있다. 그것을 여는 열쇠는 그 조직 내에 없다. 그 열쇠는 우리 손 안에 있다. 바로 우리 주님께서 명령하신 대로 우리는 기도해야 하는 것이다.

"내가 진실로 진실로 너희에게 이르노니 나를 믿는 자는 내가 하는 일을 그도 할 것이요 또한 그보다 큰일도 하리니 이는 내가 아버지께로 감이라 너희가 내 이름으로 무엇을 구하든지 내가 행하리니 이는 아버지로 하여금 아들로 말미암아 영광을 받으시게 하려 함이라"요 14:12-13.

'그보다 큰일'이 이루어졌는가? 분명히 이루어졌다. 주님께서 하신 이 말씀을 들은 제자들은 신약 성경을 기록하였다. 신약 성경의 기록이 가능하게 된 이유는 우리 주님께서 영광을 받으시면서 또 다른 인격체인 보혜사 성령을 보내셨기 때문이다. 영광을 받으신 예수님은 그분의 능력 가운데 성령을 보내셨으며, 이미 오순절 전에 예수 그리스도의 능력과 영향력은 역사하고 있었다. 성령은 이 땅에 '인격체'로 보냄을 받았다. 따라서 성령은 지금 이 시간까지 이 땅에 인격체로 계시며 사람들과 인격적 교류를 하신다. 이러한 성령의 능력과 영감을 통해 '그보다 큰일', 곧 신약이 완성되었다.

그러나 '그보다 큰일'은 우리에게 무엇을 의미하는가? 우리가 예수님께서 하신 일보다 더 큰일을 할 수 있다는 의미인가? 분명히 그렇다.

기도의 가장 중요한 기본 자세는 주인으로부터 수행할 명령을 취하는 것이다. 주님께서는 기도에 모든 강조를 두셨다. 주님께서는 기도를 사역을 위한 준비 혹은 감상이나 경건으로 만들지 않으셨다. 주께서는 기도를 '사역' 그 자체가 되게 하셨다. 최근에 기도하기보다 기도를 숭배하는 위험성이 나타나고 있다. 이는 우리가 주님으로부터 눈을 떼게 되면서 나타나는 위험한 현상으로서 명령을 내리신 '주님'보다 주께서 내리신 '명령'을 더 소중히 여기는 것이다.

기도는 구속이라는 가장 위대한 근본 위에 서야 한다. 우리의 기도는 인격적인 성령의 놀라운 임재에 의해 이 세상에서 그 효력을 나타낸다. 기도는 단순하며 초자연적이다. 주 예수 그리스도와 인격적인 관계가 형성되지 않은 자들에게 기도는 매우 어리석게 보인다. 그들에게는 하나님이 우리의 기도에 따라 응답하신다는 것이 도무지 말이 되지 않는다. 그러나 주님은 분명히 우리의 기도에 응답하시겠다고 약속하셨다. 우리 주님은 기도에 근거하여 행하신다. 따라서 그리스도인으로서 우리의 모든 사역의 열쇠는 "그러므로 기도하라"는 것이다.

우리가 다른 사람을 위해 중보기도하면 성령께서는 그들의 무의식의 영역에서 일하기 시작하신다. 우리는 성령께서 그들을 향하여 어떻게 역사하실 것인지에 대해서는 전혀 알 수 없다. 또한 우리의 중보 대상도 성령께서 어떻게 일하실지 아무것도 알 수 없다. 그러나 시간이 지나면서 우리의 중보기도 대상에게 효과가 나타나기 시작한다. 그들의 의식 세계 속에서 아주 불편하고 불안한 징조들이 나타나기 시작한다. 우리는 어쩌면 우리가 지칠 만큼 그 대상에게 권면했을지도 모른다. 그러나 조금의 변화도 없었다. 그래서 결국 우리는 낙망 가운데 포기하였다. 그러나 우리가 그 대상을 위하여 계속 기도하여 왔다면 어느 날 그를 만났을 때 그에게서 어떤 변화가 있다는 것을 느낄 수 있게 된다. 그가 무엇인가 알기를 원하는 것을 보게 된다.

바로 이러한 역사가 사탄의 왕국에 가장 큰 피해를 입히는 중보기도의 사역이다. 처음에는 중보기도의 효력이 매우 약해 보이고 아무런 힘이 없어 보인다. 만일 우리의 이성이 성령의 빛에 사로잡히지 않으면 우리는 절대로 중보기도를 하지 않을 것이다. 그러나 바로 이러한 중보기도가 성경이 가장 강조하는 사역이다. 물론 사람들의 눈에는 가장 보이지 않는 사역이다.

기도대로 이루어질 것이라고 생각하는 것은 매우 어리석게 보인다. 그러나 우리가 '누구에게' 기도하는지를 기억하라. 하나님은 우리로서는 도무지 헤아릴 수 없는 인격성의 무의식의 영역까지 이해하는 분이시다. 그분께 우리는 기도한다. 또한 바로 그분이 우리에게 기도하라고 말씀하신 분이다. 인간의 마음을 가장 잘 아시는 '주인'께서 말씀하셨다.

> "또한 이보다 큰것도 하리니 이는 내가 아버지께로 감이니라. 너희가 내 이름으로 무엇을 구하든지 내가 시행하리니 이는 아버지로 하여금 아들을 인하여 영광을 얻으시게 하려 함이라" 요 14:12-13.

기도는 사역 자체일 뿐 아니라 풍성한 열매를 맺는 비결이다. 우리 주님은 기도를, 열매를 맺는 수단 곧 풍성한 열매를 위한 사역의 수단으로 삼으셨다. 그러나 기억하라. 이러한 기도는 주님의 고통에 근거한 기도이지 우리 자신의 고통에 근거한 기도가 아니라는 사실이다.

> "너희가 나를 택한 것이 아니요 내가 너희를 택하여 세웠나니 이는

너희로 가서 열매를 맺게 하고 또 너희 열매가 항상 있게 하여 내 이름으로 아버지께 무엇을 구하든지 다 받게 하려 함이라"요 15:16.

기도는 사역 자체이며 열매가 풍성케 하는 비결일 뿐 아니라 또한 영적 전쟁이다. 에베소서 6장 11-19절은 기도의 영적 전쟁에 대해 말한다.

"마귀의 간계를 능히 대적하기 위하여 하나님의 전신갑주를 입으라 우리의 씨름은 혈과 육을 상대하는 것이 아니요 통치자들과 권세들과 이 어둠의 세상 주관자들과 하늘에 있는 악의 영들을 상대함이라 그러므로 하나님의 전신갑주를 취하라 이는 악한 날에 너희가 능히 대적하고 모든 일을 행한 후에 서기 위함이라 그런즉 서서 진리로 너희 허리띠를 띠고 의의 호심경을 붙이고 평안의 복음이 준비한 것으로 신을 신고 모든 것 위에 믿음의 방패를 가지고 이로써 능히 악한 자의 모든 불화살을 소멸하고 구원의 투구와 성령의 검 곧 하나님의 말씀을 가지라 모든 기도와 간구를 하되 항상 성령 안에서 기도하고 이를 위하여 깨어 구하기를 항상 힘쓰며 여러 성도를 위하여 구하라 또 나를 위하여 구할 것은 내게 말씀을 주사 나로 입을 열어 복음의 비밀을 담대히 알리게 하옵소서 할 것이니."

당신은 주님의 명령에 따라서 주의 이름으로 사역하는 자들을 위해 기도하는가? 만일 사도 바울이 "나로 입을 벌려 복음의 비밀을 담대히 알리게 하옵소서"라고 많은 사람들에게 자신을 위해 간절한 기도를 부탁하였다면, 분명히 우리가 알 수 있는 것은 바로 이것이 우리 주님께서 모든 기독교 사역을 위해 우리 손에 맡기신 열쇠라는 것이다. 우리는 기도해야 한다. 어쩔 수 없어서 기도하는 것이 아니라 우리가 기도드리는 대상인 하나님이 전능하시기 때문에 기도해야 한다.

우리 주인의 소유권

"그러므로 추수하는 주인에게 청하여 추수할 일꾼들을 보내주소서 하라" 마 9:38.

예수님께서는 "당장 밭으로 나가라"고 말씀하지 않으시고, "추수하는 주인에게 청하라"고 말씀하셨다. 추수할 밭은 이 세상을 의미하기보다 삶의 위기에 처한 수없이 많은 사람들을 의미한다. 그래서 주님은 "눈을 들어 밭을 보라 희어져 추수하게 되었도다"라고 말씀하신 것이다 요 4:35. 우리는 이러한 밭을 어디서든지 발견할 수 있다. 먼 나라에서뿐 아니라 우리의 이웃에게서도 발견할 수 있다. 그들이 어떠한 밭인지를 분별하는 방법은 지식이나 제안이 아니며 바로 기도에 의해 가능하다. 지금 이 시대 속에서 인간의 삶 가운데 발생하는 셀 수 없이 많은 위기들을 생각해보라. 지금 그들은 희어져 추수를 기다리고 있다.

> "너희가 넉달이 지나야 추수할 때가 이르겠다 하지 아니하느냐 내가 너희에게 이르노니 눈을 들어 밭을 보라 희어져 추수하게 되었도다"요 4:35.

마태복음의 마지막 결론 구절을 읽을 때 우리는 예수님께서 "그러므로 너희는 가서 모든 민족을 제자로 삼아…"마 28:19라고 말씀하신 '사실'을 강조한다. 하지만 마지막 결론의 강조는 '가라'에 있어야 한다. 그 이유는 '하늘과 땅의 모든 권세'가 주님께 주어졌기 때문이다. 따라서 '가라'는 명령은 이 우주의 가장 높으신 권세자로부터 내려온 최고의 명령이 된다. 이 명령을 주께서 가장 강조하신 것이다.

> "그러므로 너희는 가서… 내가 세상 끝날까지 너희와 항상 함께 있으리라"마 28:19-20.

이는 곧 주께서 친히 우리를 통해 주의 능력 있는 사역을 펼치시겠다는 말씀이다.

우리 주님의 선택

"추수할 일꾼들을 보내주소서."

유혹의 덫이 전혀 없는 섬김의 영역이 하나 있는데, 바로 중보기도의 사역이다. 다른 영역들은 영광스럽지만 사람들에게 보일 수밖에 없는 공적인 부분이 있다. 그러나 기도는 그렇지 않다. 주님을 위한 모든 사역의 열쇠는 우리가 제일 무시하기 쉬운 단어인 '기도'이다. 기도는 '노동적인' 사역이다.

기도가 그토록 중요한 이유는 첫째, 주의 구속을 근거로 하는 기도는 주께서 우리 손에 맡기신 가장 강력한 무기이기 때문이다. 둘째, 지금 우리가 살고 있는 이 시대에 기도를 통해 성령께서 인격적으로 임하시기 때문이다. 우리가 성령에 대한 지식을 얻게 된 것은 성령 체험 때문이 아니다. 바로 우리 주 예수 그리스도의 증거 때문이다. 성령에 대한 예수 그리스도의 증거는 성령께서 지금 이곳에 계신다는 사실이요 또한 우리 안에서 실제로 역사하신다는 사실이다. 그렇기 때문에 우리는 성령을 실제로 체험할 수 있는 것이다. 성령 체험은 언제나 우리 주 예수 그리스도를 영화롭게 하는 것을 강조하는 것으로 귀결된다. 그러므로 우리는 성령의 임재를 우리의 의식 가운데 즐거워한다.

"그러므로 기도하라."

기도는 노동이기는 하지만 고통은 아니다. 우리는 주님의 구속에 근거하여 노동해야 한다. 따라서 주님을 향한 진실하고 단순한 확신을 가지라. 예수님께서 우리의 기도를 위하여 엄청난 대가를 지불하셨기 때문에 우리에게 있어서 기도는 매우 간단하게 되었다. 하나님께서 우리에게 기도를 허락하심으로 인해 우리는 주께서 알려주신 대로 기도하면서 날마다 주를 위해 주님의 승리를 누리게 되었다.

오 주님, 오늘 아침에는 안개가 자욱합니다. 주의 빛을 밝게 비치시며 강하고 힘차게 역사하소서. 제 게으름을 용서하시고 저를 주의 사역을 위해 깨우소서.

전지하신 주 하나님, 오늘날 제게 지혜를 주셔서 주를 바르게 예배하며 바르게 섬기게 하소서. 그래서 주님의 온전한 기쁨이 되기를 소원합니다. 주님, 저로 하여금 주님을 더욱 깨달아 주의 풍성하심과 아름다움을 알게 하소서.

전쟁의 구름이 어둡고 무섭게 끼어 있습니다. 모든 악한 일들이 발생하고 있습니다. 어디로 가야 할지, 어떻게 해야 할지 알 수 없습니다. 그러나 주 하나님, 주께서 이 모든 것 위에 다스리십니다.

예수님의 이름으로 기도드립니다. 아멘.

12장
우리가 깨달을 수 없는 기도의 영역

"이와 같이 성령도 우리의 연약함을 도우시나니 우리는 마땅히 기도할 바를 알지 못하나 오직 성령이 말할 수 없는 탄식으로 우리를 위하여 친히 간구하시느니라 마음을 살피시는 이가 성령의 생각을 아시나니 이는 성령이 하나님의 뜻대로 성도를 위하여 간구하심이니라 우리가 알거니와 하나님을 사랑하는 자 곧 그의 뜻대로 부르심을 입은 자들에게는 모든 것이 합력하여 선을 이루느니라"롬 8:26-28.

"모든 기도와 간구를 하되 항상 성령 안에서 기도하고"엡 6:18.

"사랑하는 자들아 … 성령으로 기도하며"유 1:20.

"성령 안에서 기도한다"는 내용에 있어서 에베소서와 유다서 구절은 로마서 구절과 같은 내용은 아니다. 에베소서와 유다서 구절의 기도는, 어떤 신자가 내주하시는 성령과 상황에 의해 만들어진 분위기 속에서 '그 사람'이 기도하는 것이다. 그러나 로마서의 구절은 '성령'께서 사람 안에서 기도하는 것이다. 매우 유사한 표현이기 때문에 대부분의 사람들이 이 차이점을 놓치지만 기도에 있어서 이 차이점은 중요하다. 우리는 성령의 감동을 받아 기도하는 것을 깨닫는다. 우리는 성령의 임재를 느끼며 성령께 압도되어 기도한다. 그러나 우리는 종종 성령 자신께서 우리가 표현할 수 없는 기도로 우리 안에서 기도하는 것을 깨닫지 못한다.

깨닫지 못한 기도 철학

우리가 충분히 깨닫지 못하는 위대한 진리 중 하나는 성령과 우리 인간의 영 사이의 교류이다. 우리의 신앙생활 속에서의 성령과 우리의 영의 교류가 이 구절에서 생생하게 표현되어 있다. 인간의 영 안에서 역사하시는 성령을 가장 잘 나타내는 예는 우리 주 예수 그리스도가 육체로 이 땅에 계실 때이다. 어떤 성경학자들은 우리 안에 계신 성령께서 우리가 너무나 연약하기 때문에 우리와 전혀 교류함이 없이 우리를 곁으로 밀쳐내시고 기도한다고 말한다. 그러나 우리는 예수님께서 자신의 영과 성령을 분명하게 구별하시면서도 성령 안에서 기도하셨고 또한 언제나 자신의 뜻을 하나님의 뜻에 맞추셨음을 발견한다.

"내가 아무것도 스스로 할 수 없노라" 요 5:30.

우리의 연약함을 아시는 성령

"이와 같이 성령도 우리 연약함을 도우시나니" 롬 8:26.

성경은 우리의 기도가 어떻게 응답되는지를 알려준다. 신약 성경에 의하면 기도란 하나님의 응답을 얻기 위해 우리가 사용할 수 있는 어떤 능력이 아니라 우리의 궁핍함에 대한 하나님의 응답이다. 우리는 기도를 단지 영적인 삶의 훈련이라고 생각한다.

"쉬지 말고 기도하라" 살전 5:17.

제자들이 예수님께 와서 말하였다.

"주님, 우리에게 기도를 가르쳐 주옵소서" 눅 11:1.

사실 제자들은 유대인의 기도에 잘 훈련된 사람들이었지만 예수님을 만난 후 자신들이 기도를 전혀 모른다는 사실을 깨달았다. 이에 예수님께 찾아와서 기도를 가르쳐 달라고 부탁하였으며 예수님께서는 기도의 초보 단계부터 가르치셨다.

우리 중에는 아마 거듭나기 전에 '종교적인' 사람으로서 기도를 꽤 잘한 사람도 있을 것이다. 그러나 거듭난 이후에 우리는 바울이 이 구절에서 말한 내용을 이해하게 된다. 곧 '어떻게 기도해야 할지 전혀 모르는' 우리의 철저한 연약함이다. 우리는 하나님께서 성령에 의해 주신 능력을 의식할 뿐 아니라 동시에 우리 자신의 철저한 연약함을 의식하게 된다. 이 두 의식을 구별하지 못한다면 우리는 능력 있는 기도의 사람이 될 수 없다. 바울은 기도를 위해 성령을 의지하는 것에 대해 말하고 있다. 바로 이 점이 기도에서 깨닫기 어려운 부분이다. 바울이 이 구절에서 말하는 바는, 우리는 유창하게 기도할 수 있어도 우리의 기도에 있어서 연약할 수밖에 없다는 사실이다. 그러므로 기도의 능력의 모든 근원은 성령을 받고 인정하고 의지하는 것이다.

빌 바를 알지 못함

"이와 같이 성령도 우리 연약함을 도우시나니 우리가 마땅히 빌 바를 알지 못하나" 롬 8:26.

이 땅의 가장 거룩한 성도라 하더라도 그의 기도가 주께 상달될 수 있는 유일한 근거는 히브리서 10장 19절이다.

"그러므로 형제들아 우리가 예수의 피를 힘입어 성소에 들어갈 담력을 얻었나니."

다른 길은 없다. 오직 예수의 피를 의지하여 기도로 하나님의 존전에 나아갈 때 우리는 바울이 가르치려는 것이 무엇인지 깨닫게 된다. 즉, 하나님께서 우리에게 주셔서 우리 안에 거하시게 된 '하나님의 평강'주 예수 그리스도에 의해서만 우리는 하나님께 나아갈 수 있으며 하나님이 받으시는 기도를 드릴 수 있다는 사실이다. 물론 기도로 나아가는 우리의 마음속에 이미 하나님의 여러 속성들이 섞여 있다 하나님의 강권하심, 지혜, 믿음, 감사 등을 의미한다-역주.

우리는 누가복음 11장 13절에 매우 친숙하다.

"너희가 악할지라도 좋은 것을 자식에게 줄 줄 알거든 하물며 너희 하늘 아버지께서 구하는 자에게 성령을 주시지 않겠느냐 하시니라."

그러나 우리는 주의 이 말씀을, 기도를 위해 성령을 받아야 한다는 깨달음으로 연결시키지 못한다. 바울은 로마서 8장 26절에서 누가복음 11장 13절의 내용을 더욱 구체적으로 설명하고 있다. 하나님께 나아갈 수 없을 때, 하나님이 보시는 것처럼 상황을 볼 수 없을 때, 눈에 보이는 상황은 질식할 것 같고 육체는 견딜 수 없을 때, 마음은 공허함과 비참으로 가득 찰 때, 이때 주님께서 말씀하신다.

"너희가 악할지라도…."

우리는 우리의 악함이 우리의 연역함이라는 사실을 안다. 그러나 그러할지라도 하나님께 성령을 구하면 주께서는 우리에게 성령을 주신다는 것이다마 7:11. 즉, 하나님께서는 나와 합쳐지실 것이며 이로 인하여 나는 하나님께서 내 안에 심겨주신 성령을 의지하여 진정한 기도를 드리기 시작하게 된다. 그렇지 않으면 우리는 결코 하나님 근처에도 갈 수 없다. 우리의 연약함은 우리의 마음을 짓눌러 우리 입술에서 아무 말도 나오지 못하게 한다. 이때 우리는 우리 안에 계신 성령에 의해서만, 즉 성령 안에서 기도를 할 수 있다. 다른 모든 것은 기도에 방해만 될 뿐이다.

죄의 성향은 거룩함에 의해 제거된다. 이 점에 대해서는 의심할 여지가 없다. 그러나 바울은 우리의 몸은 변하지 않는다고 주장한다. 죄의 성향에 의해 지배를 받았던 그 몸은 그대로 있다는 것이다롬 6:12-19. 이제 우리는 새로운 성향이 우리의 몸을 사용할 수 있도록 몸을 새로운 성향에게 굴복시켜야 한다. 이를 위하여 가장 필요한 것이 기도이다.

중보기도의 말로 표현 못할 다정함

"오직 성령이 말할 수 없는 탄식으로 우리를 위하여 친히 간구하시느니라" 롬 8:26.

사람의 영은 성령에 의해 사로잡히든 아니든 몸을 통해 그 자체를 나타낼 수밖에 없다. 이 과정은 이성적으로 혹은 비이성적으로 나타날 수 있다. 비이성적으로 나타나면 사람들이 보기에 그 사람은 비정상적으로 보인다. 하나님의 영이 사람의 영에게 힘을 불어 넣으시면 그 사람은 자신 안에서 중보기도 하시는 대단히 신비스러운 성령의 영역으로 옮겨진다. 만일 성령이 그 사람의 영 안에 거하면서 친히 그 영에게 힘을 불어 넣으시면 그는 말로 표현할 수 없는 성령의 기도를 드리게 된다. 이 부분을 다시 생각해보자. 이 놀라운 계시의 의미는, 우리 안에 계시는 성령에 의해 우리의 영이 충만하게 될 때 성령은 우리 안에서, 우리를 위하여 하나님의 마음에 합당하게 다정함으로 중보기도 하신다는 것이다.

기도에 대한 명언 중 "죄악된 자아옛사람로부터 벗어난 죄인은 기도로 하나님께 가장 가깝게 된다"라는 말이 있다. 당신은 이 명언을 깊게 묵상해본 적이 있는가? 영적인 차원의 기도를 자연적인 차원으로 끌어내리지 않도록 주의하라.

"기도를 한 후 기분이 상쾌해진 것을 보니 하나님을 만났음이 분명해."

물론 하나님을 만났다면 문제가 없겠지만, 기도 자체에서 이러한 자연적인 현상을 느꼈다면 이는 단지 기도의 심리적 보상 또는 단순한 우연인 것이다. 이러한 심리적 효과는 하나님의 계시와는 전혀 무관하다. 우리가 하나님의 성령으로 거듭나 성령이 우리 안에 내재하실 때, 성령께서는 다정함으로 우리를 위하여 중보기도 하시며 주 예수 그리스도와 하나님 아버지께 가장 합당한 기도로 우리를 위하여 말로 표현할 수 없는 기도를 드리신다. 이것이 하나님의 계시이다.

무한한 기도의 능력

"마음을 살피시는 이가 성령의 생각을 아시나니 이는 성령이 하나님의 뜻대로 성도를 위하여 간구하심이니라" 롬 8:27.

하나님의 상상을 초월하는 관심

"마음을 살피시는 이가 성령의 생각을 아시나니."

우리의 생명의 가장 깊은 숨겨진 영역까지 임하시는 성령님은 우리에게 그리스도의 속죄를 적용하신다. 이때 적용 범위는 사람의 의식적인 영역뿐 아니라 무의식적인 영역에까지 미친다. 성령은 우리로 하여금 하나님이 보시는 관점에서 죄를 이해할 수 있도록 역사하신다. 우리 안에 계신 성령의 무한한 능력에 우리가 사로잡힐 때에만 우리는 요한일서 1장 7절의 의미를 이해할 수 있다.

"그 아들 예수의 피가 우리를 모든 죄에서 깨끗하게 하실 것이요."

여기서 '모든 죄'는 우리가 의식하는 죄만 의미하는 것이 아니다. 오히려 우리 자신마저 깨닫지 못하는 죄로서 우리 안에 계신 성령만이 깊게 알고 있는 무서운 죄이다. 하나님께서는 우리의 마음을 샅샅이 점검하여 우리 대신 드리는 성령의 중보기도를 들으신다.

하나님의 말씀인 성경에는 참으로 놀라운 생각들이 표현되어 있기 때문에 우리가 성령을 의지하는 법을 배우지 못하면, "오, 저는 절대로 이해할 수 없습니다"라고 말하게 될 것이다. 그러나 우리 안에 계신 성령은 성경의 의미를 완벽하게 이해하신다. 우리가 이 사실을 인정하고 성령을 의지한다면 성령은 우리의 의식 차원에서 우리가 이해를 하든 못하든 성경의 의미를 깨달을 수 있도록 역사하시기 시작한다. 중요한 점은 우리가 영적으로 생각할 수 있어야 한다는 것이다. 따라서 구원의 체험, 성화의 체험, 성령 세례의 체험 등을 의지하지 말라. 이러한 체험들은 단지 생명으로 인도하는 출입구일 뿐이다. 영적으로 생각한다는 것은 성령께서 예수 그리스도의 마음에 하나님의 생각을 알려주신 것과 같이, 성령께서 우리 안에 하나님의 생각을 알려주시면 그 생각에 따라 우리도 생각하게 되는 것을 말한다.

하나님 앞에 드려지는 아무도 알 수 없는 기도

"성령이 하나님의 뜻대로 성도를 위하여 간구하심이니라."

누가 기도하는가? 우리 안에 계신 성령이 기도하신다. 하나님께서는 우리가 의식하는 가운데 드리는 기도가 아니라 우리의 의식적인 기도와 그 배후에 있는 성령의 기도를 알기 위해 우리의 마음을 감찰하신다.

"그룹들의 날개 소리는 바깥뜰까지 들리는데 전능하신 하나님이 말씀하시는 음성 같더라" 겔 10:5.

성도의 기도하는 음성은 정확하게 전능하신 하나님의 음성과 일치한다. 천천히 그러나 점점 분명하게 하나님께서는 각각의 성도의 삶 속에서 하나님의 아들에게서만 볼 수 있는 특징들을 보시게 된다. 즉, 그 아들의 특징은 "나의 양식은 나를 보내신 이의 뜻을 행하며 그의 일을 온전히 이루는" 것이다 요 4:34. 우리는 성령을 의지함으로 말로 형용할 수 없는 성령의 표현을 우리 마음속에 품는 것을 배우게 된다.

하나님과의 완벽한 일치

"하나님의 뜻대로."

하나님께 드렸던 기도의 삶을 돌아보라. 당신은 말로만 유창하게 기도하던 때가 끝났다는 것을 발견할 것이다. 사람을 의식하며 입가에서만 맴돌던 형식적인 기도는 참으로 매끄럽고 친숙하지만 이에 반해 우리의 마음은 놀라울 정도로 강퍅해졌고 금속처럼 되어버렸다. 그러나 성령을 의지하면 우리의 기도는 더욱 순수해지고 순수할수록 주를 향한 경외함이 더욱 깊어진다. 갑자기 주님과의 지나친 친밀감으로 인하여 얼굴이 화끈거리기도 한다.

하나님 앞에서 경망스럽고 형식적으로 드려지는 기도는 전혀 소망이 없다. 우리는 바울이 말한 대로 얼마나 '하나님의 뜻대로' 기도하느냐에 따라 은혜 가운데 우리의 영적 성장을 측량할 수 있다. 당신은 성령께서 '하나님의 뜻대로' 드리는 기도를 따라 기도하며 영적으로 자라나고 있는가? 성령께서 우리의 생명 안에서 마음껏 역사하셔서 우리의 삶을 하나님의 아들을 영화롭게 하는 삶으로 만들어가실 때 하나님께서는 매우 흡족해 하신다.

기도를 통한 보이지 않는 섭리

"우리가 알거니와 하나님을 사랑하는 자 곧 그의 뜻대로 부르심을 입은 자들에게는 모든 것이 합력하여 선을 이루느니라" 롬 8:28.

처음에 이 구절을 보면 앞의 구절들과 아무 관련이 없는 것처럼 보이지만 사실은 놀라울 정도로 앞 구절과 연결된다.

거룩한 성전 의식

"우리가 알거니와 하나님을 사랑하는 자."

바울은 당신의 몸이 성령의 전이라는 사실을 여러 번 강조하였다. 예수 그리스도께서는 자신의 몸을 상징하면서 예루살렘 성전에 대해 말씀하셨다. 주님은 성전 안에서 사고파는 자들을 엄하게 다루셨다. 그때 하신 말씀은 "기록된바 내 집은 기도하는 집이라 일컬음을 받으리라"는 말씀이다 마 21:13. 이 내용을 이제 우리에게 적용해보자. 우리의 의식적인 삶은 우리의 인격성에서 매우 작은 부분에 불과하다. 그럼에도 불구하고 우리는 우리의 의식을 성령의 전으로 간주한다. 한편 성령은 우리가 알지 못하는 무의식적인 영역까지 돌아보신다. 하지만 성령의 전으로서 우리가 책임지고 보호해야 하는 영역은 의식적인 영역에 국한된다. 만일 우리가 이 사실을 인정한다면 우리는 우리의 몸이 주를 위하여 더럽혀지지 않도록 주의해야 할 것이다.

상황 속에서 감지되지 않는 거룩함

"모든 것이 합력하여 선을 이루느니라."

성도에게 발생하는 모든 상황은 하나님에 의하여 조성되는 것이다. 우연히 발생하는 상황은 아무것도 없다. 성도의 삶에는 결코 우연이 없다. 하나님께서는 주의 섭리 가운데 우리가 전혀 이해할 수 없는 상황으로 우리의 몸을 가져다 두신다. 그러나 성령은 그 상황을 이해하신다. 즉, 하나님께서는 우리 안에 계신 성령께서 특별한 차원에서 중보기도를 드리실 수 있도록 우리를 특별한 장소와 사람이 있는 상황으로 인도하시는 것이다.

그러므로 당신이 이해할 수 없는 상황에서 고개를 저으며 "내가 어떻게 해서든 내 힘으로 이 문제를 풀고야 말겠다. 어떻게 되나 보자"라고 말하지 말라.

"너는 마음을 다하여 여호와를 신뢰하고 네 명철을 의지하지 말라." 잠 3:5.

우리의 모든 상황은 하나님의 손에 있다는 사실을 기억해야 한다.

성령께서는 우리의 상황에 대하여 진지한 의미를 부여하시며 예수 그리스도의 고난을 이해할 수 있도록 도우신다. 우리가 중보기도의 고통에 들어가는 것이 아니라, 주님께서 우리 주변에 두신 사람들을 위하여 우리는 하나님 앞에 그들의 상황들을 아뢰면서 성령께서 친히 그들을 위해 중보하실 기회를 드리는 것이다. 즉, 우리는 우리 주변의 특별한 사람들과 상황들을 하나님의 보좌에 올려드린다. 그러면 우리 안에 계신 성령께서는 그들을 위하여 중보기도를 드릴 기회를 갖게 된다. 이것이 바로 하나님께서 주의 성도들에 의하여 전 세계를 어루만지시는 방법이다.

혹시 당신이 해야 할 기도를 정확하게 드리지 않음으로 인하여 성령의 사역을 어렵게 하는 것은 아닌지 살펴보라. 성령의 하실 일을 당신 스스로 하려고 하는 것은 아닌지 점검하라. 우리는 중보기도에 있어서 우리가 해야 할 부분을 감당해야 한다. 그것은 바로 우리가 접하는 상황과 사람들을 주님께 구체적으로 아뢰는 것이다. 우리는 일상적으로 접하게 되는 우리의 삶과 상황들을 성령의 전으로서 유지해야 하며 주변의 다른 사람들을 하나님 앞에 기도로 아뢰어야 한다. 그러면 성령께서는 언제나 주의 보좌 앞에 그들을 내보이시는 것이다. 이와 같이 성령께서 중보기도의 사역을 하시지만 우리는 우리의 역할을 감당해야 하는 것이다. 곧 중보기도에 있어서 성령께서 신적인 부분을 감당하실 때 우리는 사람이 해야 할 부분을 감당해야 한다. 그러므로 절대로 당신이 처한 상황에 대해 조금도 이상하게 생각하지 말라.

주님의 보장된 부르심

"모든 것이 합력하여 선을 이루느니라."

다른 사람을 위한 중보기도에 관하여 성경은 "서로 기도하라 의인의 간구는 역사하는 힘이 큼이니라"고 말한다약 5:16. 물론 이러한 역사하는 힘은 우리 주님의 속죄와 내재하시는 성령에 의하여 나타나는 힘이다. 이 내용은 예수 그리스도 안에서, 그리고 성령을 받아들임으로 인해 하나님의 놀라운 사랑과 겸손이 나타나는 계시이다. 곧 하나님께서 죄로 상하고 병들고 망가진 피조물인 우리를 완전하고 새롭게 하셔서 우리가 중보기도에 있어서 우리의 역할을 감당하면 성령께서 중보의 사역을 하시는 것이다.

당신은 성령께서 하나님의 뜻을 쉽게 이루실 수 있도록 당신의 역할을 감당하는가? 아니면 세상적인 헛된 간구를 끊임없이 드림으로 성령님을 한쪽으로 밀쳐내고 있는가? 우리는 자신을 쳐 복종시켜서 우리의 모든 생각과 마음을 주 예수 그리스도께 사로잡히게 해야 한다. 그렇게 함으로 성령께서는 더욱 우리를 통하여 마음껏 역사하실 수 있는 것이다.

당신의 중보기도 내용과 나의 중보기도 내용은 서로 다르다는 것을 기억하기 바란다. 당신의 중보기도는 당신이 해야 할 몫이다. 나의 것은 내 몫이다. 그러나 성령께서는 언제나 우리를 위하여 중보기도 하신다. 만일 성령의 중보기도가 없다면 우리는 모두 메말라 멸망하게 될 것이다. 우리는 성도로서 부름을 받은 이 위대하고 장엄한 중보기도 사역의 그 깊이와 높이를 기억해야 할 것이다.

오 주님, 중보기도의 사역을 일깨워주심을 감사합니다. 언제나 아무도 모르게 누군가를 위하여 기도하게 하소서. 우리가 처한 상황에서, 또한 다른 사람이 처한 상황 가운데서 하나님의 뜻에 따라 중보기도할 수 있게 하소서. 그 기도를 통하여 성령께서 역사하심으로 하나님의 뜻이 다 이루어지게 하소서.

오 주님, 성령의 깊은 사역을 인하여 감사합니다. 우리가 닿을 수 없는 영역에서 성령께서 역사하시니 안심하게 됩니다. 저를 위하여 언제나 중보기도 하시는 성령으로 인하여 찬양을 드립니다. 제가 쉬지 않고 기도함으로 우리를 통하여 주의 뜻을 이루시는 하나님의 역사를 보게 하소서. 그 역사를 볼 때 또한 성령의 중보를 볼 수 있게 하소서.

사랑하는 주님, 저희 미천한 백성들을 버리지 아니하시고 성령을 보내신 아버지와 그리스도께 찬양을 올립니다. 주님 오시는 그 날까지 우리 안에 계시는 성령을 따라 행하게 하소서. 우리가 성령과 하나가 될 때 성령의 역사와 열매가 우리의 현실적인 삶을 통하여 나타날 줄 믿습니다. 오직 저의 삶이 성령 안에서 주의 영광이 되게 하소서.

예수님의 이름으로 기도드립니다. 아멘.

:역자 후기:

복음 위에 온전하게 선, 정결하고 바른 기도론

　신앙생활에 있어서 가장 중요한 것은 말씀 묵상과 기도일 것이다. 특히 기도는 모든 종교에 있기 때문에 바른 기도를 하는 것은 매우 중요하다. 따라서 성경을 통해 기독교의 기도를 배우지 않으면 사람들은 누구나 본능적인 기도를 하게 되는데, 이러한 기도는 복음적 기도가 될 수 없으며 이방인들의 기도가 될 수도 있다. 그러므로 예수님의 제자들은 기독교의 기도에 대해 바르게 알고자 예수님께 기도를 가르쳐 달라고 하였고 이에 예수님은 제자들에게 주의 기도를 가르치셨다.
　필자의 신앙 체험으로는 바른 신앙은 기도의 내용에서 나타나는 것을 확인했다. 그릇된 신앙을 가지면 그릇된 기도를 하게 되며 바른 신앙을 가지면 바른 기도를 하게 된다. 또한 기도는 신앙의 깊이와 마음의 깊이를 나타낸다. 평소에 기도 생활을 얼마나 깊게 하는지 속일 수가 없다. 특히 기도의 내용은 그 사람이 어떤 신학을 가지고 있는지 그대로 드러낸다. 그러므로 사람들의 공중 기도를 들어보면 그 사람의 신앙이 어느 정도 되는지, 그리고 어떤 종류의 신학을 가지고 있는지 잘 보인다.

오스왈드 챔버스의 기도론은 세상적인 싸구려 기도가 아닌 정결한 기도를 가르친다. 그의 기도에 대한 사상은 다른 모든 신학 사상들과 마찬가지로 복음 위에 온전하게 서 있다. 챔버스에 의하면 우리의 기도가 응답되는 단 한 가지 이유는 그리스도의 보혈을 통한 구속 때문이다. 그러므로 기도할 때 기도의 열심에 의지하기보다 기도의 주인이신 주 예수 그리스도를 의지하게 만든다. 나아가 챔버스는 기도의 응답은 100퍼센트로 확실함을 확증하면서 단지 주 예수님의 이름으로 기도하며 그분의 이름으로 응답되는 것이기 때문에 그분의 성품에 맞는 기도가 되어야 한다고 주장한다.

필자는 오스왈드 챔버스의 기도에 대한 가르침 가운데 중보기도에 대한 가르침에서 큰 깨달음을 얻을 수 있었다. 챔버스의 가르침으로 인해서 간절한 중보기도를 매일 힘 있게 드릴 수 있게 되었다. 특히 하나님의 마음을 알고 그분의 입장이 되어 기도하며 구속을 의지하는 가운데 기도할 때 주의 뜻대로 반드시 응답되는 것을 확신하게 되면서, 중보기도를 통해 하나님 나라에 참여하는 비결을 얻을 수 있었다.

이번에 출간되는 「오스왈드 챔버스의 기도」는 그리스도인들에게 기도란 무엇인지 분명하게 알려줌과 동시에 기도하지 않고는 견딜 수 없는 도전과 소망을 줄 것이다. 이 책을 통해 많은 독자들이 바른 기도에 대해 복음적으로 알게 되면서 실제로 바른 기도를 하게 되기를 기대한다. 그래서 지금까지는 체험할 수 없었던 기도를 통한 영적 도약과 함께 하나님 나라의 확장에 진실하고 온전하게 쓰임 받게 되기를 기도한다.

도서출판 토기장이가 오스왈드 챔버스 시리즈를 출간해오는 가운데 이번에 기도의 본질을 담은 「오스왈드 챔버스의 기도」를 출간하게 되어 참으로 기쁘고 감사하다. 이 책을 통해 살아계신 하나님께 찬송과 영광과 존귀를 돌린다.

"주님, 이 책을 통해 복음적인 바른 기도를 드리는 주의 백성들이 구름 떼같이 일어나게 하소서. 아멘."

스데반 황

오스왈드 챔버스 시리즈 08
오스왈드 챔버스의 기도

1판 1쇄 2010년 2월 25일
1판 9쇄 2015년 7월 30일
2판 7쇄 2024년 9월 25일

지은이 오스왈드 챔버스
옮긴이 스데반 황
발행인 조애신
편집 이소연
디자인 임은미
마케팅 전필영
경영지원 전두표

발행처 도서출판 토기장이
주소 서울시 마포구 동교로 71-1 2F
출판등록 1998년 5월 29일 제1998-000070호
전화 02-3143-0400
팩스 0505-300-0646
이메일 tletter77@naver.com
인스타그램 togijangi_books_

ISBN 978-89-7782-349-5

• 이 책은 저작권 법에 따라 보호를 받는 저작물이므로 무단 전재와 무단 복제를 금합니다.
• 이 책의 전부 또는 일부를 이용하려면 반드시 저자와 도서출판 토기장이의 동의를 받아야 합니다.

도서출판 토기장이는 생명 있는 책만 만듭니다.
"우리는 진흙이요 주는 토기장이시니 우리는 다 주의 손으로 지으신 것이니이다" (이사야 64:8)